Horizontes de juguete

Ex Libris

Octavio Armand
Horizontes de juguete

© Octavio Armand, 2016
© Fotografía de cubierta: W Pérez Cino, 2016
© Bokeh, 2016
　Leiden, Nederland
　www.bokehpress.com

ISBN 978-94-91515-43-9

Todos los derechos reservados. Cualquier forma de reproducción, distribución, comunicación pública o transformación de esta obra sólo puede ser realizada con la autorización de sus titulares, salvo excepción prevista por la ley.

Otra flecha para el bisonte de Niaux 7
La mitad de ocho 9
La cocina de Heráclito 15
Crazy Horse 25
Azul invisible 29
Al sur del ecuador 39
Lo falso 43
Moscas de bronce 67
La ciudad y los perros 69
Alter idem 75
Srta. Bisturí 103
Imágenes de lo invisible 113
La ciencia cursi 131
Yo, pecador 137
La sala de Kafka 155
El reloj del paisaje 163
Abanicos 165
Horizontes de juguete 175

Otra flecha para el bisonte de Niaux

Nunca he visto la caverna de Niaux. Ni siquiera la conocía por fotos cuando escribí *Parábola con bisonte y agujeros o el poema como imagen*. Sí había leído en la *Historia del alfabeto* de A.C. Moorhouse unas líneas que despertaron mi curiosidad: «Otro bisonte, grabado en el suelo, tiene tres agujeros en su costado y unas flechas apuntan a ellos. Lo interesante es que los agujeros eran naturales, los originó el agua al caer. Esto demuestra que el artista escogió ese lugar particular del suelo para hacer su trabajo porque los agujeros ya estaban hechos: de manera que las flechas y las señales de las heridas no fueron adiciones realizadas posteriormente a la obra del artista, sino que eran parte integral, si no principal, de su concepción». Recordé al arquero chino, que cerraba los ojos al disparar: había entonces tanta nobleza como puntería en el arte de guerra. Recordé la visión de Toledo recogida en *Las firmezas de Isabela* de Góngora: «Esa montaña que, precipitante, / ha tantos siglos que se viene abajo…». Y recordé a Zenón y las paradojas eleáticas. Uno de los argumentos que detienen a la flecha zumbante en pleno vuelo es el exacto reverso de la escena dibujada en prospectiva más que en perspectiva por el artista de Niaux.

Convencido de la realidad del movimiento, no la del espacio –algo se aprende en dos exilios–; dispuesto a caer en la paradoxia de un cazador y un poeta, y no en el rompecabezas de un filósofo, soñé un poema que fuera exclusivamente su propia lectura. Trompo más que trampa, se rinde homenaje –recreándolo– a un instante estelar de los orígenes de la escritura: la súbita caída de un bisonte herido pero ya grabado en piedra alrededor de agujeros milenarios luego abiertos por flechas que están a punto de llegar, que nunca llegan y no obstante matan siempre. Señal, signo, sino: flechas disparadas por las propias heridas. Una perspectiva no renacentista sino renaciente, palingenésica, basada en la virtualidad del movimiento dentro de la ilusión del espacio más que en la virtualidad del espacio enmarcado por la ilusión del movimiento. Una perspectiva que tiene de Einstein tanto como de Piero de la Francesca. Un *ready-made* siempre por hacer. Un *ready-to-be-made-ready-made*. Lo único que sucede es el instante que nunca pasa, el vertiginoso movimiento de unas flechas disparadas incesantemente hacia heridas que las atraen, las exigen, dándoles dirección y sentido. Laberinto de extrañas tautologías. Las flechas son un documento tanto como un instrumento; y un código tanto como un arma: señalan hacia las heridas que han hecho y que están por hacer. A su vez las heridas apuntan a las flechas que les dan añadida profundidad. Señalan y se señalan y dan siempre en el blanco. Así, ahí, en un espacio sostenido en vilo por la imaginación, debe darse la lectura. Eso creo. Por lo menos es esa la apuesta.

¿Nueva York? ¿Bennington? ¿1982?

La mitad de ocho

Para Santos López

No íbamos a llegar hasta la Punta de la Mula, como yo quería. Mucho antes, por la explanada que llamaban el Aeropuerto desde que ahí aterrizara Campito, y donde ocasionalmente se organizaban como en cámara lenta juegos de pelota para los viejos: recuerdo a Benito Rodríguez al bate, calvo y gordísimo, pidiendo que le lanzaran más despacio, y a Pepe Guerra tratando de atrapar un batazo con su sombrero de yarey, o siguiendo el parabólico curso de la altísima, casi platónica esfera, como un aplicado discípulo de Tales, breve trote seguido de lentos, interminables pasos, que milagrosamente convertían cada acierto de la madera, por discreto que fuera, en estruendoso cuadrangular, por allí, mucho antes del empinado farallón, se detuvo la marcha.

Un extraño trío había salido temprano, para que el sol no lo agarrara a plomo. Dos ancianos y un niño de seis o siete trazaban con sus años dispares un triángulo. Los lados: Calita y Marín, que se remontaban a los barracones de la esclavitud; y yo, de escasa o nula memoria, pero capaz de inventarla congo, o soñarla mambí, al escuchar anécdotas que insinuaban mundos envidiables.

A Marín se le habían confiado los muebles de playa. Carpintero y ebanista notable, parecía guayacán por el tinte pero su contextura ligera, casi frágil, obligaba a clasificarlo entre los güines. Calita era nuestra cocinera en el Uvero. Retinta como el carbón que atizaba para preparar la cena, fumadora empedernida, quejumbrosa, de pocas y por lo general enigmáticas palabras: acertijos, refranes, invocaciones en yoruba, aquel latín de los negros, era yerbatera y rezadora. En su habitación una mesa repleta de frascos y cajitas ofrecía en vano ramas, hojas, raíces, como si allí se hubiera pasmado en estalagmitas un remoto pregón callejero. Todas medicinales, según ella; ninguna buena, brujerías, para quienes le decoraban la espalda con pormenorizadas calumnias, aunque sólo lograran contrarias metas, pues blindaban a la víctima del rabillo de ojo y la burla con cautelas y miedos simultáneos.

¿Por qué recelaban de esta anciana tan miedosa? Las culebras que encabezaban la numerosa lista de sus pánicos la mantenían en vilo y a distante lengua afuera. Pero no pudo evitar por lo menos un encuentro cercano con las bífidas. Un cara a cara con encrespado beso de papila a hipogloso. Ese mediodía, como siempre, anticipaba los platos que medianamente solucionarían el almuerzo, entrechocando ollas y sartenes como platillos de bronce desafinado. Alfonso, que cuidaba la casa, y yo, que la alborotaba, nos aparecimos de repente en la cocina con la risueña cabezota de un majá.

Hacía un par de meses que Calita advertía la resbalosa presencia en el patio. La muy desgraciada, aseguraba el énfasis que le quitaba el aliento, vive ahí mismo, en los recovecos del muro de piedra. Según lo prometido, Alfonso la había estado cazando durante semanas, esperando que saliera para estirar sus temibles anillos, o que asomara la cabeza no más para, zas, cortársela de un machetazo. Por fin lo había logrado. Decidimos darle un susto solemne a la desprevenida Calita: la cabeza, que maliciosamente improvisaba alusiones bíblicas, abultaba la punta del machete. Logramos asustarla, ¡cómo no! Al voltearse para contemplar el trofeo que con premeditado rezongo le anunciábamos, estrenó la piromancia de fogón. No pudo esquivar la imagen girando los 180 grados. Al meter de nuevo los ojos en el fuego la esperaban un par de tamborileros y una bandeja de plata ensangrentada. Un decapitado pronunciaba su nombre secreto mientras la sumergía en un río de metal. Nos echó del altar a gritos destemplados y con lo que supuse eran maldiciones apocalípticas.

Pero la cosa no quedó ahí. Ella también salió de la cocina, echando espuma por la boca, refunfuñando, y se enclaustró durante un par de horas en su habitación. A Alfonso y a mí nos cayeron como palos regaños de la familia en pleno, como si se cumpliera una saboreada imprecación. Por culpa nuestra el planeta se había quedado sin almuerzo. Parte del merecidísimo castigo, impuesto socarronamente por las autoridades familiares, papá eso no se hace y mamá respeten sus canas, fue pedirle perdón a Calita, lo cual hicimos reverencialmente y cabizbajos, casi decapitados, pero con sólo fingido arrepentimiento. La propia cocinera levantaba un imponente obstáculo de última hora para nuestro tinglado de mea culpa y abundante rodilla. Al acercarnos a su puerta, que parecía protegerla del infierno y sus dos peores diablos, un creciente bisbiseo sometía al incesante rumor del mar. Eran conjuros tribalísimos, cada uno seguido fielmente de su amén catedralicio y ecuménico. Un insospechable kilómetro de siseante anaconda se mordía la cola en aquellos rezos veteranos. Un oroboro empeñado en restituir con creces al despachado majá. De haberse podido imaginar un infinito tan inmerecido y perverso, Calita se hubiera entregado gustosa al menos caluroso círculo de los ateos.

Al borde de los acantilados seguiría atentamente a los dos ancianos. Paso a paso. Muy cerca pero siempre detrás de ellos, como si recordara a Aquiles y la inalcanzable tortuga. Así hasta la Punta de la Mula, si fuera necesario. ¿Entonces por qué de repente di por perdida la carrera y me resultó imposible no adelantarme? ¿Por qué los había dejado tan lejos? Estaba otra vez en un mundo al revés: vencido mas no convencido por la insoportable, ilógica realidad. Observándolos sin pestañear, los había epilogado hasta que ni sé cómo me alcanzaron. Nueva refutación, nuevo fracaso, como antes en las experimentales esquinas del pueblo, cuando tendía mi sombra junto a otras hipotéticamente más oscuras para verlas cruzar juntas la calle. Yo no tenía razón. Newton me quedaba grande. El móvil secreto, mío, miísimo, para la recortada caminata, era tan absurdo como la idea que lo había aguijoneado. Evidentemente la sombra de los negros no era más oscura que la de los blancos. Calita y Marín proyectaban las suyas a borbotones, espléndidas, puro ébano, pero ni un pelín más tiznadas que la mía.

El fracaso físico ominosamente se sumaba al matemático. Ni la luz ni los números eran fiables. Hacía apenas unos meses me había dejado convencer de que la mitad de ocho no era tres sino cuatro. La maestra ponía repetidos caramelos en el escritorio. Uno a uno los repartía. Uno para ti, otro para mí. ¿Ves? C,u,a,t,r,o y cuatro. Cuatro tuyos y cuatro míos son —aquí un rápido movimiento de las manos los juntaba— ¡Ocho! Ante tamaña evidencia, y ojeando los cañaverales que me iban a regalar en cuanto desistiera de mis transfinitas pero también precoces matemáticas, no hubo mayor insistencia de parte mía. No volví a trazar el orgulloso guarismo en el cuaderno. El ocho dejaba un muñeco de nieve sobre el blanco de la página, idéntico al infinito dormilón, sólo que más grande; luego yo lo volvía a dibujar, escindiéndolo exactamente por la mitad hasta mostrar dos tres helados, o dos treses, como acaso dije entonces. Uno normal, como el de los textos, y otro que sólo yo claramente veía frente al 3 de todos, como si la vanidosa cifra se peinara ante un espejo.

No íbamos a llegar a la Punta de la Mula. Ni falta que hacía. A mitad de camino habían muerto todas mis mitades: las del ocho, que no eran dos tres igualitos, y las de los cuerpos, que sí eran sombras idénticas. Mi breve carrera científica se desleía. Yo mismo era una suma desmentida. Un muñeco de nieve en el trópico. No cuentes, Cuba, con Carlos Finlay. Olvídense, papá y mamá, de Felipe Poey.

Esa mañana, sin embargo, como muy pronto lo supe intuir, me tentaría otro raro horizonte. Vedado Finlay, vedado Poey: la *poeisis*, que entonces era griego para mí. Una mágica empresa sin fines de lucro y no, ay, de lucro sin fin. Marín se había apartado de nosotros. Lo vi alejarse hacia los matorrales lentamente, con pasos para entretener siglos, no relojes. Allá, al borde del descampado, se detuvo frente a un árbol. Hacía gestos, como un imposible cortesano de Luis XIV; en la distancia muda, sus labios, gruesos y casi inseparables, se movían más rápido que Mercurio, de alados pies. Un adulto, mal pensado, ignaro, simple cartesiano, hubiera dudado de su cordura. El carpintero estaba loco. O se había vuelto loco de repente, a raíz de algún farfullado anatema de la Vatel casera. O por haber probado, intrépido Linneo en línea, sus inclasificables raíces. Mis seis o siete años se limitaron a preguntar qué hacía Marín.

–Le está pidiendo permiso al árbol para entrar al monte.

La respuesta, tan sencilla como espontánea, me debió haber parecido elocuente y apodíctica. Y tan natural como las yerbas que la sistemática culinaria seleccionaba y recogía como un sabio alemán. Con los años, que ya son décadas y más de medio siglo, una y otra vez he vuelto a esa escena. Aquellos ancianos me iniciaron sin teología en el mundo de lo sagrado. Una lección de símbolos vivos y de misterios al alcance de la mano. El bosque tenía puertas. Era una casa enorme. Uno no entraba sin tocar, sin anunciarse, sin pedir permiso. Desde entonces cada vez que llego ante una puerta veo aquel árbol; y cada vez que entro a una casa, aunque sea la propia, siento la sombra del bosque y el aldabonazo escondido de los pájaros que aún cantan en la memoria. Lo mismo me sucede con los libros, esos árboles maravillosos que tienen las hojas adentro. Cada libro es un árbol, cada árbol un bosque, y el bosque un tablero de sol y sombra. Un tablero blanco y negro donde uno juega con todas las piezas. Aciertos y errores, olvidos y obsesiones: ideas que seducen, que engañan, que orientan. Puertas que se abren y nos abren.

Años que ya son décadas y más de medio siglo para desovillar el causalismo de aquella aventura. Sucedió así. La cocinera, excesivamente respetuosa de las culebras, decapitadas o no, le había pedido al carpintero que le buscara algo allá donde ella no se atrevía a entrar. El seguramente volvió con algunas ramas doradas, como un lector de Frazer que jamás lo haya leído y ni siquiera lo haya oído nombrar. Porque Calita y Marín, lo apuesto, jamás leyeron un libro. Eran libros. Viejos libros empastados en carne y hueso y piel de buena sombra. Gracias a ellos pude recorrer los cuatro puntos cardinales de Huidobro, que son tres: norte y sur; y hasta me resultó asombrosamente fácil el cuadrado pino de Góngora: esa mesa que mucho antes fue una puerta en la provincia inagotable de la infancia, y ahora un libro que tú también tienes en las manos. Un árbol con todas las hojas adentro.

Caracas, julio 2005

La cocina de Heráclito

1.

Alemania, que nos dio la *Crítica de la razón pura*, afortunadamente nos dio también la aspirina Bayer. Así Francia, cuyo Descartes nos hizo dudar hasta de nuestra propia sombra, nos enseñó a despertar las sensaciones y reminiscencias esquivas. Un maridaje del ocio y la sensualidad más extrema, y no cronometradas y neuróticas consultas psicoanalíticas, permiten recuperar y hasta pulir el tiempo perdido. Contamos con Proust para recordar. Más que con Mnemosine o el doctor Alzheimer.

2.

No se atrevían a entrar. Vacilaban. A todas luces la visita era inoportuna. El maestro estaba en la cocina, tomando calor junto al horno.
–Volveremos otro día, mañana mismo.
Pero esa tarde entrarían y se quedarían un buen rato, sorprendidos, casi secuestrados, por una invitación irresistible, que les abría puertas al infinito.
–Pasen, pasen, dijo Heráclito. Aquí también hay dioses.

3.

Aristóteles recurre a esta simpática anécdota para seducir con analogías. Lo hace en el primer libro de *Sobre las partes de los animales* al inclinarse decididamente a favor de la disección. La estructura de los animales, asegura, revela algo natural y bello. El filósofo tiene que superar el disgusto, hasta el asco, para dedicarse al conocimiento de la naturaleza. Disecar es una forma de asomarse a la anatomía y el mito. Una repulsiva pero maravillosa gramática de las partes del cuerpo y de las fuerzas invisibles que todo lo rigen. En las vísceras hay dioses.

Sazón y razón, cuerpo y alma, vísceras y dioses: a través de las entrañas se cae en el abismo del mito. Hay que buscar lo invisible en lo visible, la esencia incorruptible en las partes que se desgastan y descomponen. De este escrutinio surge una ciencia del cuerpo: la anatomía, pero también una ciencia de la adivinación: la esplacnomancia. Y durante mucho tiempo, por difícil que ahora resulte reconocerlo, hubo más interés por la esplacnomancia que por la anatomía. De hecho la hepatoscopia antiguamente no se ocupaba de la estructura del hígado tanto como de la estructura del futuro. El hígado era un reloj de lo que estaba por suceder.

Las entrañas están repletas de dioses y de tiempo. De ahí la relación entre el macrocosmo y el microcosmo, percibida en la exactitud de los ciclos astronómicos y corporales: la traslación de los planetas y la ovulación de las hembras, por ejemplo; o en ciertas simetrías generalizadas entre el cuerpo y la Tierra: exceptuando el sistema nervioso, según Leonardo, en todo lo demás hay semejanzas: huesos-rocas, venas-ríos, respiración-mareas. Por eso la astrología fue parte de la ciencia médica durante milenios. Y sobrevive todavía. No sólo en los proliferantes horóscopos que ayudan a acumular amores y dinero sino en el lenguaje mismo: todavía hay *lunáticos* y padecemos *desastres*. «Nadie que ignore la astronomía, lo subrayaba Paracelso, puede llegar a adquirir una verdadera sabiduría médica». El cuerpo es doble y dual: planetario y terrestre.

4.

Las correspondencias baudelerianas, intuidas en palabras confusas, ecos, perfumes que se esparcen hasta el infinito, se inscriben borrosamente en esta heredada madeja de símbolos. Pero unos siglos antes las correspondencias eran precisas. Para «el muy noble, ilustre y erudito Filósofo y Médico Aureolus Filippus Teofrasto Bombasto de Hohenheim, llamado Paracelso», entre anatomía y astronomía la relación era exacta: Júpiter es el hígado, la luna el cerebro, el sol el corazón, Saturno el bazo, Venus los riñones, Mercurio los pulmones. No resulta nada extraño que haya tropezado con el fundamento de los sacrificios aztecas: «El corazón es el Sol del cuerpo. Y así como el Sol influye por sí mismo sobre la tierra, así el corazón lo hace sobre el cuerpo. Por eso, aunque el Sol no se manifieste esplendorosamente, puede el cuerpo aparecer de este modo, debido justamente al corazón[1]».

---

[1] De esta analogía generalizada a la escalofriante lógica del sacrificio hay tan sólo un paso. Lo daría, muy explícitamente, el propio Baudelaire. El poema LXXXVI de *Las flores del mal*, «Paisaje», cierra con una personalísima síntesis de la fisiología del ritual. Una imagen azteca: extraerse un sol del pecho, sacárselo del corazón. Este tipo de correspondencias asoma también, y justamente en el marco del sacrificio, en la hagiografía. Muchos santos y mártires están relacionados metonímicamente a diversas partes del cuerpo: Santa Lucía a los ojos, Santa Ágata a los senos, Santa Cecilia a la garganta. Asimismo, y volviendo al caso de Baudelaire, la sinestesia y los fenómenos que nacen de la confusión de los sentidos recuerdan ciertas experiencias de satori. «Interior y exterior se habían fundido en una sola cosa, tras lo cual, no había diferencia entre ojo y oído, oído y nariz, nariz y boca: eran todo lo mismo. Mi mente se había helado, mi cuerpo se había disuelto, mi carne y mis huesos se habían confundido. Era totalmente inconsciente de dónde se hallaba mi cuerpo, o de lo que había bajo mis pies. El viento me llevaba de aquí para allá, como paja seca, o como hojas que caen de un árbol. En realidad, no sabía si cabalgaba el

Eslabón entre la medicina medieval y la renacentista, en este *muy noble, ilustre y erudito* científico nacido en 1493 se perfila el curso que iba a tomar el estudio anatómico, donde él reconocía tres ramas complementarias: (1) la *anatomía local*, o sea el cuerpo como estructura revelada por la disección; (2) la *anatomía material*, que es el cuerpo como función, donde se estudian «las trasmutaciones por las cuales se introduce en el hombre la vida nueva»; (3) y por último, la *anatomía de la enfermedad* o *anatomía de la muerte*. Es decir, anatomía, fisiología y patología.

A través de estas *anatomías* y por ende de la disección se irradia el conocimiento. El tema se pondrá de moda hasta en la poesía: basta recordar la elegía de John Donne por la muerte de la quinceañera Elizabeth Drury, *An Anatomy of the World*. O *Love's Exchange*, del mismo poeta: «... if the unborn / Must learn by my being cut up and torn, / Kill, and dissect me, Love». Pero por supuesto primero toca todos los ámbitos de la disciplina médica. El estudio de la mente, valga por caso. En 1540 se publica en Wittenberg, conjuntamente con una completa anatomía y fisiología del cuerpo humano, el primer tratado de psicología escrito en Alemania: *Commentarius de anima*, de Melanchthon, donde se introduce la afectividad en la interpretación de la conciencia; en 1575 aparece una obra clave: *Examen de ingenios*, de Juan Huarte de San Juan; y apenas medio siglo después, en 1621, un título que no podría ser más revelador: *Anatomía de la melancolía*.

«La melancolía asienta en el bazo, había escrito Paracelso un siglo antes, cuyo astro es Saturno, lo cual no quiere decir que siempre que haya una enfermedad del bazo debe andar en juego Saturno, pues la melancolía puede manifestarse sola perfectamente». Burton amplía el marco de este mal. Sus causas son muy diversas: el pecado, la concupiscencia, los demonios y las brujas, las estrellas,

---

viento, o el viento me cabalgaba». Así describe su estado de iluminación el taoísta Lieh-tzu hacia el 400 a.C.

la intemperancia, la constipación, el exceso venéreo. También sus síntomas y sus curas. Entre las curas posibles figuran la dieta, la oración, laxantes, diuréticos, medicinas, ejercicio, juegos, aire fresco, música, vino, grata compañía, flebotomía, baños. De sus síntomas, mencionaremos sólo uno: las pesadillas. «Troublesome dreams», y no, ay, un risueño *Midsummer Night's Dream*, revelan un antecedente de *La interpretación de los sueños*.

5.

Ecos y resonancias: del *anima* de Melanchthon a la *melancolía* de Burton, la ciencia de la conciencia trasciende sus límites. Muy diversas disciplinas se ocuparían del examen de la mente. Catorce años después de la obra de Burton, en 1635, en otro oblicuo antecedente de Freud, *La vida es sueño* de Calderón de la Barca, se retoman y analizan temas como el pecado y las pesadillas. Los *troublesome dreams* del melancólico Segismundo, tocayo por azar muy objetivo del psicoanalista, permiten observar el funcionamiento de la mente cuando titubea entre sueño y vigilia. Con Calderón volvemos a los teatros de anatomía que aparecieron en Europa a finales del siglo XV. Asistimos a la espectacular vivisección de Segismundo. Una dramática esplacnotomía. Lo vemos primero con los ojos de Rosaura: está en una prisión «que es de un vivo cadáver sepultura». Luego él mismo se describe como «esqueleto vivo» y «animado muerto». Una lección digna de los claroscuros de Rembrandt y del preclaro profesor Tulp.

En 1641, escasos seis años después de *La vida es sueño*, Descartes publica sus *Meditaciones*. El filósofo procede como filoso cirujano: saja, corta, taja, diseca el pensamiento. Ve la mente. O mejor: la razón, esa diosa tenaz que imperará desde mediados del siglo XVI hasta fines del XVIII. Desde el plomo de Elzevir al acero de Sansón. Desde las órbitas elípticas de Kepler a la guillotina y sus elipsis desorbitadas y tajantes. Los dioses no se hacen visibles para todos, como decía Homero. Pero los reyes, sí. Y cómo. Rasurada, rapada, arrasada, en 1789 la razón rodó con sus cabezas.

6.

La Edad de la Razón fue también la Edad de las Pelucas. Se escruta, analiza, distingue, ordena, clasifica, separa. Como los reos descuartizados en las plazas públicas, o los nobles que luego serían mecánicamente guillotinados, el hombre queda trunco, dividido, esquizoide, abierto en canal: *res extensa, res cogitans*. Una carnicería de abstracciones. Al pensarse, Descartes se ve como modelo para una lección de anatomía. «Pensé» –dice en la segunda *Meditación*– «que poseía un rostro, manos, brazos, y toda esa estructura a la cual daba el título de "cuerpo", compuesto como está de los miembros discernibles en un cadáver». El proceso de penetración de la mente en la mente es quirúrgico.

En la segunda parte del *Discurso del método* figuran las cuatro reglas de acceso a todas las cosas que un ser humano puede conocer, ninguna de las cuales está «tan remota o más allá de nuestro alcance o tan oculta que no la podamos descubrir». En esas cuatro reglas se hacen evidentes las técnicas del quirófano y la morgue: dividir las dificultades, examinar las partes, organizar los pensamientos, partiendo de los más simples, para luego, ascendiendo poco a poco, llegar hasta los más complejos. El examen de la mente por la mente es análogo a una autopsia, donde capa tras capa se entra en el cuerpo, de la piel, que es lo más simple, a las vísceras, más complejas. Sólo que está regido por una simetría inversa: se corta, se penetra, siempre hacia arriba. La profundidad, no obstante, es idéntica: el abismo de lo desconocido. Y la *duda metódica*, el instrumento empleado en este rigurosísimo examen, ¿qué es sino un escalpelo templado y afilado por la razón? «A pesar de que la utilidad de una duda tan generalizada, a primera vista, pueda no ser aparente» –reza en la sinopsis de la primera *Meditación*–, «es muy grande, sin embargo. Nos libera de todos los prejuicios; nos abre la vía más fácil para separar la mente de los sentidos; y por último, nos impide seguir dudando de aquello que estimemos cierto».

La diligente prosa de la razón es la acumulada y demorada raíz de la prosa sin prisa de los sentidos. Matemática más que vegetal, genera a oscuras, a ciegas, la expansiva y frondosa obra de Marcel Proust. La rigurosa lógica de lo adyacente suscita derivas, lejanías. Al tropezar con sus propios excesos, la filosofía seduce inesperadamente; y su carga axiomática se convierte en una elemental y virulenta fuerza ctónica. Como instrumento de liberación, la implacable, casi prusiana duda metódica, se dinamiza en la *memoria involuntaria* proustiana, integradora de la mente y los sentidos. La fijeza del silogismo y la crecida de la memoria suman sus causas. Y sus cauces. Concurrente cálamo: la prosa del infinito y la prosa del horizonte cruzan rectas y curvas, arcos, perpendiculares. Se confunden, en una sinestesia que le hubiera encantado a Baudelaire, la razón y el olfato. Se barajan al azar el saber y el sabor, la abstracción excluyente y los sentidos proliferantes, pródigos. El método es una sintaxis sinuosa, proteica, atomizada; pensar, como el sueño, una orilla remota aún por descubrir; todo el presente descarnado del *cogito* y el *sum* arborescente del pasado, vidrio ardiente, dúctil, que será un Lalique o un Gallé, o cigarra estremecida que muere en aceite y resucita en vinagre.

7.

Aristóteles abre el cuerpo y ve dioses en las entrañas: ve el mito. Descartes abre el pensamiento como un cuerpo. Lo penetra, lo diseca, y ve la mente. O una afanosa actividad de la mente. Su hipertrofia: la razón. Se instaura así un mito que tres siglos más tarde permanece aún asombrosamente francés y asoma nada menos que en el surrealismo. La locura lo cura, lamente la mente, parece postular Breton, quien resulta cartesiano hasta en su anticartesianismo. Es tan clásico como Racine y tan neoclásico como Boileau. Organiza la indisciplina. Ordena el caos. No sorprende leer, como en un Larousse de bolsillo, la siguiente definición, tomada del primer manifiesto:

> Surrealismo: sustantivo, masculino. Automatismo psíquico puro por cuyo medio se intenta expresar, verbalmente, por escrito o de cualquier otro modo, el funcionamiento real del pensamiento. Es un dictado del pensamiento, sin la intervención reguladora de la razón, ajeno a toda preocupación estética o moral.

Breton piensa como Descartes aunque sueñe como Freud. Su sintaxis, impecable, nunca dejó de ser una jaula para las más exóticas fieras del inconsciente. La sofocante lógica que la renegadora razón quería extirpar.

Un polizón del siglo XVII llega a América con Breton y sobre todo con Lévi-Strauss. Pero entonces se muestra capaz de entregarse a las espirales de la imaginación; capaz, en fin, de enhebrar los hilos de la razón en caracoles tallados. Cuentas de ese asombroso collar que es el pensamiento mítico. Más surrealista aunque no menos francés que Breton, al examinar la mente primitiva Lévi-Strauss le permitió al mundo europeo ver desde dentro «el funcionamiento real del pensamiento». En Brasil se encuentran el mito de la razón y la razón del mito: la anatomía de sus códigos, su estructura. *Lo crudo y lo cocido* —más que *Los vasos comunicantes*— nos asoma al inconsciente y de hecho al conocimiento de la inmortalidad del alma, conocimiento, éste, apetecido por los filósofos desde los albores de la cultura. En *De anima* Aristóteles había establecido el marco clásico de esa apetencia. Las *Meditaciones* le fijan obsesivamente un rumbo: volcada sobre sí, la razón busca la añorada esencia de su propio ser, pues aunque el cuerpo es perecedero, la mente, según Descartes, por su naturaleza misma es inmortal. El hombre, primitivo de nuevo, siempre, se llena de dioses. Se entusiasma.

8.

A veces Miguel Ángel ni talla ni esculpe: libera las figuras atrapadas en el mármol. Libera el alma de la materia. La búsqueda de lo invisible en lo visible suele develar algún misterio. En el *Liber quartorum*, del siglo x, se habla de la *extracción del pensamiento* como luego se hablaría de la extracción de la piedra de la locura. O como pudiera hablarse, y valga por caso Miguel Ángel, de extraer la locura de la piedra. Y es que para los alquimistas la sabiduría podía ser destilada de la materia. No anda muy lejos de la alquimia el arte de fines del siglo xv cuando define los ojos como *ventanas del alma*. La mirada, en el retrato, refleja la verdad última del ser. Aquella profundidad incorpórea pero como oculta o sumida en la carne que la perspectiva no podía dominar. Esta representación de lo incorpóreo, de la personalidad o el estado de ánimo, si se quiere, que se plasma en la mirada, no se sustenta en una estética o una teoría, sino en los estudios anatómicos. «El ojo, instrumento de la visión» –señala Leonardo– «se esconde en la cavidad superior... En el hoyo b (foro óptico) es donde el poder visual pasa al sentido común».

Basándose también en la anatomía, y siguiendo como Leonardo el curso de las sensaciones, Descartes llega al alma. En la *Dióptrica* afirma que no se ve con el ojo sino con el alma por medio del cerebro. Las impresiones, que llegan desde fuera, pasan por los nervios al *sensus communis*. El filósofo parece repetir la observación del pintor. Pero en una obra posterior, *Las pasiones del alma*, de 1649, añadirá curiosas precisiones. El alma está unida a todas las partes del cuerpo pero funciona específicamente en una de ellas:

la glándula pineal. Esta anatomía y su concomitante fisiología la sitúan, pues, en una parte recóndita y minúscula del cerebro, es decir la parte pensante del cuerpo: «El alma ejerce sus funciones de manera inmediata no en el corazón, ni en el cerebro como conjunto, sino en la parte más íntima del cerebro, cierta glándula muy pequeña, situada en una posición intermedia, y suspendida sobre el pasaje por donde los espíritus animales de las cavidades anteriores se comunican con los de las cavidades posteriores».

9.

Lo visible en lo invisible, lo inmaterial en lo corpóreo. Existe el lugar sin lugar, la utopía, el alma, y es tarea de todos buscarla. Y encontrarla. Puede estar en alguna parte del cuerpo. O en cualquier sitio. El empeño, solitario y melancólico, quizá no resulte enteramente inútil. Por lo pronto, ahí está la glándula pineal, como Abraxa con Moro en la costa. No hay que desistir. A pesar de la duda, o gracias a ese insólito puente, los filósofos han podido llegar al alma. Y los utopistas, al dudar del hombre y su progreso, han sabido inventar rincones para ella. A buscar lo invisible, pues. A encontrar una ínsula. Una glándula. Un lugar sin lugar donde haya dioses todavía. «I will make an Utopia of mine own» –concluyamos con Burton– «in which I will freely domineer».

Caracas, 27 de mayo 1990

Crazy Horse

Los tres mosqueteros son cuatro: D'Artagnan, Athos, Porthos y Aramis; y los puntos cardinales son tres: norte y sur. Esta desconcertante matemática parece obra de Humpty Dumpty. Dúctiles o traviesos sumandos, los nombres esquivan la suma, como si las partes negaran el total o el total, cifrada Atlántida, desapareciera liquidado por la imaginación. No hay ecuaciones sino inadecuaciones. Evanescentes metamorfosis de ovillo. El enunciado se contradice, se contrae a medida que se prolonga y pretende constatarse; para colmo, siguiendo su propia lógica, al hacerse explícito se deshace, desaparece.

Las aventuras del añadido y la asombrosa metáfora de la reducción pueden asomarnos a hechizantes abismos. La palabra cabalga sobre números transfinitos, da cuerda a otros gallos para conjugar tiempos rigurosamente ajenos a los historiadores, los profetas y los suizos. No hay pasado ni futuro y el presente sólo es puntual en la deriva alucinante del sueño. Epiménides sabía algo de esto. El cretense que simultáneamente mentía y no mentía al asegurar que los cretenses eran mentirosos durmió durante cincuenta y siete años seguidos. Un verdadero sabio. Un hombre asombrosamente despierto. Lichtenberg, otro desertor de la supuesta realidad, también entreabrió las puertas del conocimiento, del sí miento veraz, para apostar no a dentro o fuera sino al vano, a la desaparición. «Un cuchillo sin hoja que no tiene mango». Así describe un célebre objeto el autor de *Aforismos*. Le saca tanto filo a la sabiduría que la reduce a una sola frase. Y la frase se borra. La filosofía también.

Borrar, borrarse, como acto decisivo. Tal vez no lo supo Kant pero Wittgenstein lo intuyó. Huidobro también. Por eso fue capaz de ponerle puntos suspensivos al zodíaco. Su magistral lección de geografía sólo se puede explicar nadando en las agallas de un mero. El vértigo de la desaparición, se dirá, tiene algo de lógica: tan escaso en latitud como prolongado en longitud, Chile, de hecho, pareciera tener sólo norte y sur. Pero quedarse en esos meridianos, detener ahí la lectura, por reconfortante que sea, es perderse. La insinuación es otra. El relámpago es otro. Se trata de un nuevo infinito, como decía Nietzsche. Hay que leer con la velocidad de la luz. O una velocidad superlumínica. Tal es el sortilegio del lenguaje, la felicidad liberadora que regala, que nos permite saltar sus propias trampas, sus abarrotadas definiciones. Como Epiménides o Lichtenberg, Huidobro es un diccionario de aboliciones. Una metáfora en plena torsión.

Entre estas metamorfosis absorbentes resalta un brevísimo texto de Kafka: *El deseo de ser piel roja*. Uno de mis favoritos, sin duda porque de niño yo quise ser piel roja. Me soñé Sitting Bull, Gerónimo, Red Cloud, pero sobre todo Crazy Horse. Le gasté a mi madre mucha pintura de labio, pues me pintorreteaba el rostro para convertirme en guerrero apache o sioux y declararle la guerra a muerte a mi propia identidad. Aquellas batallas, todas ellas, las he revivido mil veces al montar estas pocas líneas:

> Ah, si uno pudiera ser un piel roja, siempre alerta, cabalgando sobre un caballo veloz, a través del viento, constantemente sacudido sobre la tierra estremecida, hasta arrojar las espuelas, porque no hacen falta espuelas, hasta arrojar las riendas, porque no hacen falta las riendas, sin apenas ver ante sí que el campo es una pradera rasa, habrían desaparecido las crines y la cabeza del caballo.

Para ser apache bedonkohe o sioux teton hay que desoír las sirenas del existencialismo. La burocrática añoranza de una mayor libertad, encarnada en la figura del guerrero indomable, que proporciona una primera y previsible lectura, una mayéutica a plazo, no basta para acceder a la torsión fulgurante. No se trata de peldaños sino de saltos y caídas. Hay que desollar la consigna habitual hasta morder la metáfora. Quien lo logre seguramente verá su deseo cumplido con creces. Pues así como los tres escurridizos puntos cardinales son norte y sur, el piel roja es elíptico, elusivo, invisible.

Búscate en el espejo. Si ves un piel roja no eres un piel roja. Todavía no. Estás verdaderamente lejos de encarnar la metáfora si tienes que someterte al subjuntivo, si eres irreal y sólo es real tu irrefrenable deseo de ser otro. Pero si de repente estás muy alerta, si el viento te despeina y hace sentir casi ajena la piel desnuda a medida que el galope estremece la tierra y el creciente tropel del horizonte te atrae más y más hacia otro destino, puedes arrojar las espuelas y las riendas. El piel roja no las necesita. Porque en realidad él no cabalga, más bien forma parte del impetuoso animal, como un centauro, hasta convertirse en el caballo mismo, todo el caballo y su vertiginoso movimiento, y ya no ve sus crines ni su cabeza sino sólo la pradera rasa... La metáfora del deseo, cumplida, arroja un saldo sorprendente: como Crazy Horse, eres un caballo, y como tal eres velocidad, desaparición, viento. Un cuchillo sin mango que no tiene hoja. Un caballo sin brida que no tiene riendas.

La brevedad del texto no promulga el sentido: lo propulsa; y al suscitar una lectura acelerada y repetida, refleja su difícil pero posible –y tentadora– saturación: la muda, el cambio de piel. La lectura en sí es metafórica. Nos arranca de la página y arranca la página; desconcierta, desorbita; y de pronto nos quita esa camisa de fuerza que es la identidad. Parábola taoísta, zen, *El deseo de ser piel roja* puede llevar a la iluminación. Al satori. Las riendas, las espuelas, la brida, el deseo mismo, se parecen demasiado al yo. Es posible una transformación, una abolición, una ausencia. Pero sólo si pasas de la filosofía a la metáfora, si borras a Kafka y aprendes a desaparecer. Algo así sucede, o debiera suceder, en la comunión. El trozo de pan, la fragilísima hostia, como la parábola, es un umbral, un vano. La transubstanciación nos confunde con Dios y la Trinidad entonces somos tú y yo. Norte y sur. Volátiles cifras del quebradizo Humpty Dumpty o Georg Cantor.

Caracas, 20 de enero 2006

Azul invisible

1.

La metáfora es una instintiva forma de contrabando. La cultura también. Torsiones y distorsiones del intuir, del saber, del azar oscuro y la idea deslumbrante, la metáfora y ese generalizado y a veces difuso tropo que es la cultura, no sólo cruzan las fronteras sino que las elastizan, las confunden, las borran. Cada metáfora y cada cultura, a su vez, constituyen una frontera. Proceso dinámico, tantálico. La frontera como horizonte permanente al alcance de quien nunca lo penetra al acercarse ni tampoco se acerca al penetrarlo. Seduce a la vista casando lo visible a lo invisible, la mirada a lo transparente. Cada paso prolonga, aleja, multiplica a lo inalcanzable. Vemos lo que no vemos y estamos donde no estamos. ¿Qué vemos? ¿Dónde estamos? Vemos la transparencia. Y estamos siempre más allá, en otra parte.

Así es el azul cuando se llama cielo.

O mar. O engañosa conjunción de añiles. Imagino que dios también es así: infinito si existe, y no menos infinito si es sólo como esa línea remota donde parecen juntarse azules inmensos. Las metáforas y las culturas, pues, cada una y todas en su poroso eslabón, son más meteóricas que teóricas. Más llama que fuego.

Así es el azul cuando se llama Polignoto.

A fines del siglo XIX había un pequeño y tenue resto de pigmento azul en una ruinosa pared de Delfos. Era todo lo que quedaba de los célebres frescos de Polignoto, cuyos murales fueran tan admirados en la antigüedad. De ese azul ya no queda nada. Ni de Polignoto. Nada excepto la fama, esa precaria eternidad, y las minuciosas observaciones de Pausanias, un contemporáneo de Adriano que recorrió la Grecia del siglo II de nuestra era con mapas de la Grecia de Pericles y de Homero. Schliemann de ruinas futuras, de Troyas que aún no había que excavar, Pausanias hace un asombroso inventario de costumbres y monumentos. Pero fijó su atención muy particularmente en las obras de arte. Así el testimonio mudo y monocromo de los mármoles no es lo único que todavía nos acompaña de aquel esplendor. El bullicio de la gente, sus fiestas y rituales, animan las páginas de esa guía turística monumental que es la *Descripción de Grecia*, gemela de la no menos monumental guía gastronómica de la antigüedad: *El banquete de los sofistas* de Ateneo, del siglo III. Ya hay entonces quienes anuncian un mesías en la patria griega. Un tal Cristo. Pero su culto aún no ha enterrado, como escombros, ni a Apolo ni a Afrodita. Ese hijo único de un nuevo Zeus todopoderoso es un advenedizo. En estas páginas los dioses están vivos todavía. Y los colores también.

Aquí la *Ilíada* y la *Odisea* no son obras de Homero. No exclusivamente. Los artistas le prestan al ciego la monumentalidad de sus miradas acuciosas, detallistas, reveladoras. Ilustran los episodios, los fijan, los clavan, como acaso dirían los cristianos, con los variadísimos matices y formas que Homero sólo pudo soñar. Imaginan letra a letra cada palabra. No cantan como los rapsodas o aedos. Ni leen en alta voz sino en mudas pero soberbias líneas. Leen imágenes con imágenes. Con los ojos para los ojos. Y Pausanias lo capta casi fotográficamente. Sus cámaras fueron, además del ciego multiplicado por los pintores, Simónides de Ceos y Estesícoro de Sicilia, entre otros.

Veamos una escena de la *Ilíada* que Polignoto quiso fijar. Una escena fugaz en un mural a la larga no menos fugaz. La imagen, fresca durante siglos, poco a poco se esfumó. Las líneas de Pausanias y no las de Polignoto son las que han llegado hasta nosotros. Pero en ellas vemos las del pintor y entrevemos su singular maestría. Estamos frente a los muros de Troya, ya vencida y sometida a matanza y saqueo. Estamos rodeados de héroes violentos y vengativos. Vemos sus escudos, sus cascos, sus vestimentas. La Edad de Bronce está tinta en sangre todavía. Neoptólemo, «joven guerrero», acaba de matar a Elaso. Sea quien sea este desconocido, Elaso todavía respira. Apenas respira. Como el mundo que en ese preciso instante y con tanto asombro era recorrido por Pausanias.

Esos, los hechos. ¿Y los colores? No se nombran. Están disueltos en el blanco y negro del texto que dinamiza la escena milagrosamente detenida en el tiempo por el pintor. Se plasma, luego se narra, un instante perdurable. Atroz y perdurable. Pero si se desarrollara un poco más la escena, como en una película, fácilmente podríamos pasar del blanco y negro al azul. Sin duda alguna, sería muy oscuro, algo teñido de negro, como el que Polignoto utilizó para pintar a Eurínomo, un demonio. Su color, según Pausanias, es como el de las moscas que se posan en la carne. Entre azul y negra hubiera sido la carne de Elaso al cabo de pocos días. Pero el tiempo borró a Elaso. Y borró los colores de Polignoto. Lo único verdaderamente perdurable, pues, lo que aún podríamos encontrar en Delfos o en Platea o en la propia Atenas, son las moscas. El zumbido de las moscas.

Ya no existe el azul de Polignoto. Una amarga reedición de la obra de Pausanias bien pudiera titularse *Desaparición de Grecia*. Lo visible se ha vuelto invisible. O transparente. Pero tenemos que verlo. Tenemos que aprender a verlo. Una espléndida pintura de Pausías, cuyas líneas aún disfrutamos en las de Pausanias, nos puede orientar. «Representa a la Ebriedad bebiendo de una copa de cristal: se puede ver la copa de cristal y a través de la misma el rostro de la mujer». Quizá lo perdido aún nos rodea. Como frontera. Como horizonte. Como el cristal de Pausías. Como el aire mismo que respiramos, que es invisible y transparente pero también, según Leonardo, azul. «El aire es azul» –decía– «por las tinieblas que hay por detrás suyo, porque el negro y el blanco hacen el azul». El negro y el blanco de estas páginas, para quienes las leemos soñando otros tiempos, hacen el azul de Polignoto. Pasemos el contrabando de lo visible por lo invisible; atravesemos, como metáforas, las aduanas de la transparencia. Más allá, promete la frontera del tiempo, Elaso todavía respira. Todavía muere. Como nosotros.

2.

Las ideas enciclopedistas y las consignas revolucionarias que inspiraron los movimientos de emancipación del siglo XIX no bastaron. En las postrimerías de ese mismo siglo se completa en la poesía el afrancesamiento que nos desvincula de España. Un galicismo mental se apodera de nosotros. La pólvora se llamó, primero, Saint-Just, Danton, Marat, Robespierre. Luego Verlaine, Rimbaud, Lautréamont, Mallarmé. Por fin un mal francés que no era nuestro, como la sífilis, sino galo a más no poder. La paradoja salta a la vista. El primer momento estelar de nuestra poesía, y quizá el más nuestro, es marcadamente francés. Es también muy italiano, muy alemán, muy japonés. En la erizada sensibilidad de Darío –rostro de chorotega y manos de marqués– se cristaliza una suma casi teratológica del gay saber. Una estética mestiza, voraz, antropófaga, forajida. Pero Darío no está solo. De Julián del Casal a Tablada va asomando lo oriental en nuestra poesía. Ellos hacen posible poemas como «Viento entero», «Vrindaban», «Nagarjuna», de Paz, o «El pabellón del vacío» de Lezama.

Lo oriental y lo escandinavo y lo sajón... Constantemente se amplían nuestros marcos anímicos y conceptuales. Un ejemplo: la Guerra del Pacífico –la expresión parece un oxímoron– puso de relieve la figura de Manuel González Prada y su estremecedora prosa de combate: *Anarquía, Propaganda y ataque, Páginas libres*. Una prosa nacida de la ira, del asco, de la rabia impotente. Pero a

González Prada se le deben también, y no son menos nuestros que la ira y la rabia, poemas de exquisita contención. De lo panfletario a lo intimista: junto al discurso de hierro al rojo vivo, el *lied*; junto a la arenga tempestuosa o la balacera, la *ballata*. Mesura y desmesura. Mezcla de sangres y de ánimos.

Para ser nosotros mismos primero somos cosmopolitas. Así, y raigalmente, desde los orígenes de nuestras letras. Otro ejemplo peruano. Al dedicar *La Florida del Inca* al Duque de Braganza, Garcilaso se disculpa por el «atrevimiento –para un indio demasiado– de ofrecer y dedicar a Vuestra Excelencia esta historia». También el lector, según el Inca, tendrá que ser indulgente: «suplico se reciba con el mismo ánimo que yo la presento, y las faltas que lleva se me perdonen porque soy indio. Que a los tales, por ser bárbaros y no enseñados ni en ciencias ni artes, no se permite que, en lo que dijeren o hicieren, los lleven por el rigor de los preceptos del arte o ciencia, sino que los admitan como vinieren». Pero Garcilaso no era indio sino mestizo. Y era tan noble como el duque o cualquiera de sus lectores. Su retórica es una estrategia dual: una cortesía sólita pero también un anticipado e insólito corte. Cero complejos raciales. Cero complejos sociales, como los que empujarán a tantos hacia la matemática negación de la mitad y el disimulo. Y sin embargo él también se disfraza: en el énfasis, en la orgullosa afirmación del sumando materno. De la raza. De la mismidad como miscelánea.

El modernismo nace de esa mezcla desaforada. Pero la sangre del mestizo es azul. Versallesca en Darío, proustiana en Lezama, telqueliana en Sarduy. Quizá por eso al expresar la supuesta independencia cultural no fuimos capaces de democratizarla. De la poética del marqués chorotega a la política de Guzmán Blanco, el giro fue de la inmensa minoría, como decía Juan Ramón Jiménez. El contraste con lo que sucedía y siempre ha sucedido al norte de nuestra frontera no puede ser más dramático. Whitman hizo una estética de la democracia. Acercó la poesía a la prosa, a lo concreto, a lo inmediato, llevando a zonas cada vez más amplias y profundas de la sensibilidad el espíritu de la democracia. La letra se impuso como tarea fundamental no matar ese espíritu sino sustentarlo, robustecerlo, afinarlo, afincándolo en la cotidianidad de la nación.

En Estados Unidos se democratizan la prosa y la poesía como luego se democratizarán los productos de consumo. Levi Strauss, Bell, Edison, Ford, Disney, Kroc, democratizan la ropa, la voz, la luz, el movimiento, el entretenimiento, la comida. Todo se democratiza en el Norte. Hasta la democracia. El pueblo se siente tan cómodo en sus instituciones y sus leyes como en sus blue jeans. Y si no, se las cambia. Así se evidencia el uso diario y sostenido de la democracia. La Corte Suprema de Justicia —y no supinas cortes de justicia—, el congreso, la constitución, las fuerzas armadas, los intelectuales, los obreros, hasta los millonarios, llevan esta marca: Levi Strauss. Que es como decir Whitman. O Emerson, Thoreau.

Pioneros e inventores ganan espacio y ahorran tiempo para todos. Si Whitman democratiza la poesía con sus *Hojas de hierba*, Ford democratiza la velocidad con su modelo T. Y Alexander Graham Bell democratiza la distancia con el teléfono. Y Edison democratiza la noche con su bombilla eléctrica. El subway democratiza la profundidad y el rascacielos las alturas. El *Go westward, young man!* y el *Pony Express* democratizan la frontera y el Winchester y el Colt 45 democratizan la violencia en la frontera. La radio, el fonógrafo, el cine, la TV, en aquellas manos, son instrumentos de democratización. En las nuestras, han sido utilizados para oprimir. Ellos visten, beben, leen, oyen, tocan, hablan, comen la democracia. Nosotros la disfrazamos y nos disfrazamos en ella. Es esta la zanja infranqueable entre Norte y Sur. No un río grande ni noventa millas de alta mar.

Evidentemente la geografía no nos separa de Estados Unidos. Ni siquiera la lengua. O la religión. Balseros y *wetbacks*, millones de indocumentados –por mar, por tierra, por aire– han demostrado hasta la saciedad que esas fronteras ya no existen. Más bien parecen esponjas. Ciertamente no son inexpugnables. El brío imperialista del Norte no se debe a su expansión territorial, eso que hace años fuera un azote para la otra América. Hay que verlo más bien en la porosidad de sus membranas, su casi infinita capacidad de absorción. Sin Estados Unidos nuestra geografía política y nuestra economía serían una peor mentira. Una pesadilla. El paradójico símbolo del imperialismo yanqui no son sus *marines* sino nuestros balseros. Los ejércitos invasores –persistentes, inagotables, demográficos– son nuestros. Ellos no necesitan ampliar sus fronteras. Nosotros, sí. En cada latinoamericano humillado por la miseria o la opresión está en carne viva la frontera con Estados Unidos. Cada uno es un potencial invasor. Un *marine* al revés. Un *marine* bumerán. Somos una migraña para la *migra*: no importa cómo o cuánto nos vigile, la burlaremos. Ellos tienen el territorio pero nosotros somos el mapa. Lo impenetrable seguirán siendo Whitman, Emerson, Thoreau y las instituciones en que encarnan. Si tuviéramos que entrar al país por *Song of Myself* o *Self-Reliance* no lo lograríamos jamás. Es esa la muralla que nos separa.

En 1888, cuando se publica *Azul*, Loud coloca en el mercado su primer modelo de bolígrafo. El nicaragüense encierra la escritura en una torre de marfil; el norteamericano literalmente la pone en manos de cada conciudadano. Uno apuesta a la alquimia del verbo; el otro, *sotto voce*, es un pionero involuntario de la escritura automática. Otrosí: cuando Darío entrega *Azul*, Eastman lanza la Kodak 1 y doce años después, en 1900, la Brownie. El libro aparece al sur del Sur, en Valparaíso, Chile; la cámara, al norte del Norte, en Rochester, Nueva York. Nuestra paleta se tiñe de añil, la suya de marrón. Los sureños –cobrizos– se disimulan en una poética de aristócratas. Los norteños se fotografiarán tal cual son. Cada uno se hará propietario de la luz y de su propia imagen. Es así como verdaderamente se manifiesta el impresionismo entre ellos. A golpe de *flash* se adueñan de la luz. Todos y cada uno. Tomar sol, broncearse, va a ser parte de la generalizada estética impresionista: cada bañista aspira a ser un cuadro, un desnudo. Pero la Brownie pone el sol al alcance de todos. Hasta de los niños. Una forma radical e inmediata de tomarlo. De ser Manet para almorzar sobre la agreste hierba whitmaniana. Por cada poema modernista, por mucho que lo multiplicara la lectura, hay millones de fotos tomadas por millones de Brownies. Es cierto, para decirlo en términos fotográficos, que nosotros estamos retratados en esos poemas. Y retratados profundamente. Porque el ocultamiento, la pose más doble que el paso, el disimulo de unos perfiles y la simulación de otros, son nuestros perfiles, pues nos disfrazamos para parecernos a nosotros mismos. Pero no es menos cierto que, siempre más posados que osados, ni entonces ni ahora hemos sido capaces de exponernos a la luz de lo inmediato. A la unánime luz de todos. Hay que confesarlo: salimos mejor retratados en el negativo. Posar sí, exponerse no: he ahí nuestra consigna hasta la victoria, siempre.

Hay Medallones en *Azul* y Retratos en *Cantos de vida y esperanza*. Pero ajenos a la manual y portátil estética de Eastman. En *Kodak-Ensueño*, de 1929, pareciera que Regino Boti, al asomarse desde la corriente posmodernista a la vanguardia, nos va a retratar con algún nuevo modelo de la Brownie. Vamos a ser, digámoslo así, *revelados*. Pero esta Kodak nada tiene que ver con la otra. Por dos motivos. No es para todos: Boti, que en sus *Arabescos mentales* de 1913 se dirige a la inmensa minoría nietzscheana de su yo, forma parte de la tradición secreta de *Orígenes*. Se vive y se escribe de espaldas a la gente. Además, con esta Kodak uno no puede retratarse sino retractarse o autorretractarse, para usar el término tan revelador de Guillermo Cabrera Infante. Oriental como Boti, pero habanero y hablanero como nadie, Cabrera Infante es un enrolladísimo fotógrafo, tan nocturno como negativo. De ahí que su lenguaje sea un *flash* sistemático y deslumbrante; y que su célebre equipo triádico cuente con un –no una– Códac. Tal vez el aire sea azul, como sostenía Leonardo, porque detrás están el blanco y el negro. Pero nosotros, que aspiramos al añil integrador, nos quedamos en negativo. En enigmático blanco y negro.

En Manicuare, y en azul, el poeta Salmerón Acosta acoge la luz del trópico. Exactamente lo mismo hará el pintor Armando Reverón. Pero en Macuto y en blanco. O en ocre. El cromatismo del pintor, en quien a veces entreveo un Fidelio Ponce venezolano –y en este a un Reverón cubano–, es una rara rima asonante e intensa del poeta. Ambos viven tocados por lo sagrado y escondidos en la luz. Las dos enfermedades sagradas, la lepra y la locura, los arriman a la orilla del mar. Padecen un exilio radical: aislados por la piel y la razón en el cuerpo y la mente, quedan casi desprendidos de la realidad. Tienen, como bonsai, las raíces al aire. Son los sin-tierra en grado absoluto: cuentan sólo con el cielo y el mar.

Viven en la orilla, sí, ¿pero cuál? La del cuerpo. La de la mente. ¿Acaso dan la espalda al medio y su mediocre estímulo? ¿O expresan algo más profundo, una nostalgia de otras orillas, tal vez de Europa, o de África? En ambos el color obsesivo, como reflejo de alguna aberración cromática, frota la perspectiva, la desvía, la absorbe, y esa perspectiva es un anhelado punto de fuga: «Azul que del azul del cielo emana, / y azul de este gran mar que me consuela...». La cadencia, de polo o malagueña. La letra, amarga: que lo recubra una piel perfecta, ilimitada, transparente.

Polo doliente, polo de Oriente: Salmerón Acosta mimetiza su entorno para disolverse. Cura por simpatía: «copio en mi alma el alma del paisaje». Gemelas, las almas se juntan como dos añiles en el horizonte. «Acaso llevo en mi interior secreto / el paisaje del suelo en que he nacido». Su nombre mismo parece retratarlo: salinas de Araya, costa oriental. En algunos poemas alude a la lepra. En uno, a través de la rima, casi se muestra leproso: «para mí no hubo tregua ni reposo, / y, lanza en ristre, arremetí furioso…». El azul de Darío, aquí seguido al deformado pie de la lepra, se cuartea, se descascara, se pierde. Desaparece como el de Polignoto en la pared de Delfos o en la carne de Elaso.

El azul del leproso nos deja a la intemperie. Tiene poco esplendor. Pero conserva, y pone al desnudo, la crispación de las raíces. Es el *azul doliente* de Ramos Sucre. «El azul no accesible de los cielos más altos, había escrito Baudelaire, para el hombre abatido que aún ensueña y aún sufre, / se desgarra atrayendo como atrae un abismo». Así la poesía y la lepra, aun en la esmerada superficie de la estética modernista, no resultan términos excluyentes. Dos nombres –«Azules de un azul doliente»– lo corroboran: Cruz María Salmerón Acosta y José María Milá Díaz, otro poeta leproso del Oriente venezolano, a quien Ramos Sucre dedicó una de sus extrañas y esmaltadas prosas. Estas flores del mal de Hansen, acaso demasiado lacerantes para Darío, quien como Salmerón o Milá, se sintió más cómodo en sus versos que en su piel, no tienen la fuerza del bacilo. Pero sin duda hubieran despertado la curiosidad de Baudelaire.

A fines del siglo xix había un resto de pigmento en una pared de Delfos. Era todo lo que quedaba de Polignoto. En la poesía latinoamericana ese color era entonces muy intenso. Pero el tiempo no ha sido menos implacable aquí. Nunca lo es. Todavía contamos con el azul que deslumbró al continente en 1888. Al verlo a través de la lepra, sin embargo, sentimos el desgaste de las superficies, derruidas, excoriadas; confundimos, entre escombros, poemas y murales, cuerpos y paredes; hasta que lo carcomido y deforme nos deja, perplejos, solos, ante el hipnótico blanco y negro de la página. Acaso buscamos, al revés de Leonardo, un poco de aire detrás del blanco y el negro. Un azul que a veces no se ve.

Caracas, 19 de febrero 1990

Al sur del ecuador

1.

Las técnicas nunca son neutras. Pueden, por inversión de signos, expresar contenidos que desnaturalizan la voluntad. Con violencia, hasta con rabia, De Kooning y Bacon desfiguran los rostros, los deforman, les borran su identidad, como si las imágenes fueran huellas de algo que ha sido estrujado o aplastado contra la tela. Un manto de la Verónica que no busca un vero icon ni un ícono veraz sino una representación iconoclasta. Quizá expresen hastío o rechazo por la saturación de la identidad que a través del rostro se ha impuesto en la cultura occidental desde mucho antes de la tradición que nos llega en cuadros y esculturas. Pienso en las monedas antiguas, en cuyas dos caras desde hace milenios circula la imagen de emperadores, reyes y tiranuelos. La función mágica de esa representación obsesiva, y no por manoseada menos represora, implicaba la presencia de esos personajes en toda transacción y en cada bolsillo. No en balde se aprovechaban en los perfiles imperiales acuñados los rostros de los dioses, difundidos ampliamente en templos y otros sitios públicos. Filipo de Macedonia o Alejandro eran gemelos de Apolo: el parecido los divinizaba y de paso automáticamente les confería la capacidad de penetrar hasta lo insondable en la conciencia de cada persona. No sólo se hacía ubicuo el perfil de la autoridad: esos ojos grabados en el metal recordaban a los súbditos que eran visibles y que sus acciones y hasta sus pensamientos estaban vigilados. En *Organicidad y abstracción* Bandinelli mostró cómo las poblaciones célticas de la Galia se apartaron de la acuñación griega al imitarla, descentrando el perfil, exagerando un rasgo o deformando hasta lo irreconocible la aquilatada imagen. Al desviarse del modelo no ponían de manifiesto una incapacidad tecnológica sino una tendencia ingénita a la abstracción. Pienso, también, que ello comportaba un implícito rechazo al poder romano —heredero de la acuñación clásica griega— que tras siglos de conflictos y confrontaciones finalmente las sojuzgaría a partir de la conquista de César en el año 50. Los acuñadores, pioneros de la vasta tradición en que se inscriben Bacon y De Kooning, tenían nombre y apellido cuando tornaron borrosa, casi irreconocible, la imagen de Felipe IV y Mariana de Austria en el espejo de *Las Meninas*: se llamaban Diego Velázquez.

2.

Las técnicas de descomposición alteran la clásica centralidad de las figuras, la dinamizan, la desorbitan. Una mujer o un papa, aunque sentados tranquilamente como modelos idóneos para sus respectivos retratos, convulsionan, aúllan, transformándose en seres deformes y amenazantes. Monstruos de la profundidad minoica, fuerzas desatadas por el inconsciente, ni nos miran ni nos hablan: gesticulan, nos traspasan con sus miradas y sus gritos, como si así nos arrastraran de una vez hacia lo inorgánico. Al ser imitadas, esas técnicas que no disimulan su voluntad disolvente resultan orgánicas, casi naturalistas, por su fidelidad —dócil aunque inadvertida— a la ortodoxia de la identidad y la representación. Pues a veces lo borroso, lo desfigurado, lo deformado, representa a cabalidad un perfil. Es esto lo que sucede cuando esa violencia propia de quienes distorsionan su imagen, como en añoranza de su sometida y excluida barbarie, encuentra seguidores al sur del ecuador. Quizá una raíz gala despertó en Rimbaud el deseo de transformarse en cualquier cosa menos un francés del Segundo Imperio. Bajo los maderos cruzados de una avasallante primera persona, yo desea ser otro y sacude las conjugaciones. Acá somos ese otro. La transformación nuestra, para deslindarse de su peso agobiante, precisa otro jalón. Somos ausencia, otredad. Dicen, nos decimos, que nos falta identidad. No hay yo, no hay primera persona. Imposible copiar a Rimbaud. Como gesto –nunca como academia– acaso podríamos intentar una jugada de dados con las conjugaciones. Pero tenemos que montar nuestro verbo a pelo. Tenemos que encaramarnos desnudos en la otredad y galoparla hasta el horizonte donde pueda sacudirse su propio plomo. Acá Rimbaud hubiera tenido que decir otro es yo. Si nuestra identidad es un borrón, ¿qué exagerado perfil pretendemos deshacer? Hay que inventar un espejo. Ni el de Velázquez ni el de Narciso nos convienen. Buscarnos en ellos sólo enturbiaría aún más la imagen. La parodia nos reflejaría como sombras. Y sombras borrosas.

3.

Heliotrópica, incandescente, en la pintura de Reverón se desdibujan los contornos. Desaparece la línea, ese simulacro de orden, y fulguran las manchas. Los paisajes, los cuerpos, la luz misma, son colores frotados, chorreados sobre la tela. La tela es un trapo. Una esponja que absorbe luz. De lo borroso de Reverón a lo borroso de los imitadores de Bacon y De Kooning –y del propio Reverón– se da involuntariamente un paso fundamental: se interioriza el horizonte calcinado; la línea imprecisa, latente, que deriva hacia lo inorgánico, cruza la mirada hasta adentrarse en el abismo del yo. Reverón refleja una identidad confusa; los imitadores la expresan. La ausencia de líneas, los contornos desdibujados, las manchas, empiezan a configurar un rostro. ¿Asomará al fin nuestra imagen arquetípica? ¿nuestro Filipo, o nuestro Alejandro, divinizados por algún desconocido Apolo? Quizá surja el vero icon de Bolívar, de quien hasta ahora apenas se tiene un solo retrato de cuerpo entero fidedigno: el protocolo de autopsia que en diciembre de 1830 firma Reverend. El de las monedas, que brilla incorruptible en oro y plata y hasta en acero chapeado al 6% de níquel, y que tanto corrompe, quizá se parezca muy poco al verdadero y sólo exprese una nostalgia de perfiles precisos.

Los retratos y autorretratos de quienes durante siglos han vivido sin rostro, y a quienes incluso se les ha negado el alma, difícilmente trascienden lo caricaturesco o lo paródico. Al verse en el autorretrato de Rembrandt, el vicario irreflexivo se desliza hacia una ironía devastadora. Mediante un gesto especular agresivo y doblemente afilado, él mismo pudiera explotarla. Sólo que primero tendría que contemplarse en los mármoles romanos que retratan a esclavos negros. No se trataría entonces de una parodia involuntaria; su gesto sería aún menos inerte que la blancura de la piedra, y en la dinámica de las incongruencias aprovechables afirmaría el borrón como principio de identidad. Borrón y cuenta nueva: este soy yo. La inmensa tradición arranca siempre de cero. Pero ese cero tiene que ser por lo menos la mitad del infinito. Un discípulo de Velázquez no vela: novela. Un discípulo de Goya ni viste ni desviste majas: preña o *degolla*.

4.

El *lomismo* de Vallejo no es lo mismo ni da igual cuando algún hábil pero incauto imitador pretende sacarle notas a su quena. En el laberinto del oído, siempre cretense, el Minotauro puede estar tranquilo. Sabe distinguir entre el callado filo de un tumi y el costosísimo tintineo de un juego de cubiertos de plata inglesa.

Caracas, ¿junio 1987?

Lo falso

> Counterfeit? I lie. I am no counterfeit. To die is to be a counterfeit, for he is but the counterfeit of a man who hath not the life of a man; but to counterfeit dying when a man thereby liveth is to be no counterfeit, but the true and perfect image of life indeed.
>
> W. Shakespeare, *King Henry IV. Part I*

1.

Dore, de cuatro o cinco años, hija única de vecinos judíos, el matrimonio Silverman, está detrás de mí en un viejo Chevrolet verde del 73 que entonces no era viejo, pues esto sucedió en el 75 o el 76. Está sentada con Celeste, modelo 1948, entonces polaca y compañera mía. Sigue siendo polaca pero ya no mártir, aunque sí amiga, a pesar de décadas del nuevo mundo. Yo estoy de copiloto. Conduce Sarah, dueña del Chevrolet y de Dore, quien de repente ha comenzado a cantar.

–That's a pretty song, Dore, le digo volteándome hacia ella.

–You can't hear me 'cause I'm singing for my mommy, contestó de inmediato, los ojos muy abiertos, como sorprendidos, fijos en mí.

Su canto y su prevención iluminaron de golpe uno de los pasajes más misteriosos de la poesía española: «Yo no digo mi canción / sino a quien conmigo va». El *Romance del conde Arnaldos* es otro, radicalmente otro, o mejor dicho es a secas y plenamente, a partir del conato de diálogo con esta niña que sin sospecharlo siquiera pasó del asiento trasero de un Chevrolet verde al vergel donde Alicia se maravilla y nos maravilla. Aunque físicamente iba conmigo por la calle 77 de Jackson Heights, Dore cantaba desde un remoto oasis inexpugnable, cuya clave secreta, como de caja fuerte, era propiedad suya y de su madre, a quien ella devolvía un poco de amor por el mágico puente que el arrullo maternal había tendido. Cantaba en inglés pero esa inmensa y espléndida lengua era entonces exclusiva para dos personas. Yo no oí su canción, por supuesto. Ni el propio Shakespeare hubiera podido oírla, mucho menos entenderla. Desde aquella tarde inolvidable, sin embargo, he podido estar junto a Arnaldos. El conde ya no se esconde en su laberinto. Recorre el mío como un caracol. Me dice una y otra vez su canción.

2.

No soy arqueólogo ni experto. Lo que sé de arte precolombino se lo debo a una pasión que durante largos años he tratado de compartir con los amigos, coleccionistas unos, otros curiosos, algunos casi alérgicos por superstición o estrechez cultural a los objetos que a mí me fascinan. La conversación puede nacer de una mirada insistente. Al visitante se le van los ojos. Sorprendo crecientes signos de interrogación alrededor de una vasija o un ídolo que evidentemente atraen pero resultan ajenos, demasiado ajenos, como palabras o frases que hay que traducir del melodioso griego de Píndaro o del a veces aún más griego melodioso aunque menos antiguo español de Góngora. Al principio, pues, el ver; luego el verbo. ¿Qué es esto, que me gusta pero me resulta extraño, que tal vez me gusta porque me resulta extraño y despierta neuronas adormecidas por las imágenes que me rodean incesantemente? ¿Cómo me puede gustar esa venus de rostro enorme y aplanado, esteatopígica, desproporcionada por delante y por detrás, culo y vulva como prestados por animales en celo, y nada parecidos al trasero de Jennifer López o al delantero de Sharon Stone? ¿Qué quiere decir, qué me quiere decir esa pieza? La traducción puede comenzar también a partir de otros interrogantes. ¿Es original o copia? ¿No es falsa? ¿Cómo lo sabes? ¿Cómo puedes estar seguro?

En sus preguntas los amigos revelan algo de su intimidad. Un capítulo de *El sistema de los objetos* de Baudrillard les podría interesar. Ahí se señalan dos aspectos fundamentales acerca de las antigüedades y el coleccionismo: la nostalgia de los orígenes y la obsesión de la autenticidad. Quienes indagan acerca de la forma y la función del objeto, por su contexto y su significado, insinúan un mundo simbólico que gravita alrededor de la madre. Para quienes se preocupan casi exclusivamente de que la venus tal vez sea tan falsa como alguna ex, el eje es la figura del padre y por ende la genética propia, problemática, acaso incierta para edipos de bolsillo –es muy improbable la maternidad dudosa. Sólo las pruebas de carbono 14, como las de ADN, los tranquilizarían. Pero las pruebas también pueden ser falsas. O falseadas. Al remitir la curiosidad por la pieza a lo íntimo, quizá inconsciente, es posible despertar una relación más dinámica con la arqueología. Una arqueología personal. Lo falso, alguno lo aprenderá, eres tú. Puedes ser tú. O lo que te rodea. Excava, escarba, fíjate bien, aprende. Conócete a ti mismo. Debes estar más seguro siempre de lo que no sabes y sabes que no sabes que de lo que crees saber. La mayéutica de Sócrates y Freud son picos, palas, cuadrillas de obreros, Schliemann y Carnarvon. Antes de hablar de los objetos, conviene tender un puente entre pasado y presente, entre tú y yo y lo otro, extraño mas no necesariamente ajeno; primitivo y bárbaro, quizá, pero no en los términos desdeñosos, frívolos, con que se le pretende domesticar. Todo aquello que encarna una intimidad y la cela tiene algo del conde Arnaldos y de Dore, esa niña tan antigua a los cuatro o cinco años. Una parodia de su soberbia frase, pero que no le hace ni sombra, podría resumir el punto de partida. Basta cambiar *mommy* por *mummy*.

3.

No hay falsedad en el arte precolombino. Ninguna. Hay falsos, a veces abundan, en el mercado de arte precolombino. Imprescindible, de entrada, hacer el distingo. Un mundo extraño, bárbaro, de dioses que no daban la otra mejilla ni se dejaban crucificar; y ritos donde la sangre y los alucinógenos desdibujaban las fronteras entre vida y muerte; y el sacerdote –rojo o azul el rostro, el torso envuelto en piel de jaguar o humana, la carnaza hacia dentro o hacia fuera dependiendo del sexo de la víctima, la cabeza de venado, bisonte, o águila, farfullando invocaciones que prorrogan los días de la tribu y repiten la eternidad– se podía convertír en jaguar o sapo o colibrí; y la víctima –la respiración y el latido creciendo hasta colmar el cuerpo a punto de ser sacrificado, luego la respiración y el latido del sacerdote, el altar, la plazoleta, el sol, la lluvia, el viento, la sangre de la tribu vencedora y la vencida, la mirada de guerreros, mujeres y niños sostenida hasta el último instante– era la momentánea encarnación del sol, la lluvia o el viento; ese mundo, vivo y palpitante, fue enterrado en 1492, en 1521, en 1533, aún hoy lo siguen enterrando. En vano.

La papa y el tomate conquistaron a Europa; el chocolate y el tabaco al mundo entero. Hubo facturas, como la sífilis. Pero el exotismo de América nunca dejó de fascinar. Jineteras cubanas, putas dominicanas, mesianismos decrépitos, garotas, cocaína colombiana, el festín de lo prohibido está acá. Siempre. El turismo y el contrabando lo ponen al alcance de la mano, de las fosas nasales y el resto del cuerpo. Parece existir una conspiración del inconsciente europeo para perpetuar como zona de vicios y tentaciones a esta parte del mundo. Con las prohibiciones atizan el deseo de transgredir y aumentan el costo de lo prohibido. Es entonces mayor el placer y definitivo el lucro. América será objeto de codicia y prohibiciones que despiertan mayor codicia. La campaña contra el tabaquismo, llevada a extremos irrisorios e hipócritas, es una muestra. Al café se le responde con el siniestro descafeinado y al azúcar con la diestra dextrosa. La dieta parece del siglo XVI: sustituyendo el tabaco, el azúcar y el café, se pretende eliminar a América. Esto tiene que ser New England o New York o Nueva España o Nueva Andalucía. La novedad del supuesto mundo nuevo es el anverso que precipitadamente se sobrepone a su antigua e inquietante historia, la cruz de su cara, de su otra cara, oculta como un reverso desafiante, peligroso. ¿Cara o cruz? Estimulantes, picantes, glucosa, alcaloides como la cocaína, la cafeína o la nicotina, son los nuevos rostros de Huitzilopochtli, Ehécatl y Tláloc. Disfrazada de medicina, la teología los pretende eliminar. O más bien: prohibir. Así permanecerá este continente incontinente como zona de intolerancia. Como apuesta. Un asequible más allá para el deseo y el vicio, cuyas máscaras pueden ser la utopía, la fosilizada revolución cubana, posters del Che, el carnaval de Rio, la Vieja Trova o un viejísimo Chevrolet del 52 o el 53 que atraviesa noventa millas del Atlántico para escapar de Minos. Estos trasatlánticos de los balseros cubanos muestran que Dédalo vive todavía y que trágicamente han muerto, mueren cada día, muchos Ícaros. El arte precolombino se ha convertido en una más de estas prohibiciones. ¿Por qué?

4.

Vale la pena señalar primero, como curiosidad, algunas tempranas cautelas ante el desconocido pero nada nuevo Nuevo Mundo que se acababa de descubrir y aún no se acababa de conquistar. La piña, según la jugosa oda de Zequeira, fue un éxito rotundo en el Olimpo. No así en la corte de Carlos V. «En la empírea mansión fue recibida / Con júbilo común, y al despojarla / De su real vestidura, el firmamento / Perfumó con el ámbar». Quizá el intenso aroma que sedujo a los dioses fue precisamente lo que la condenó.

En todo caso, los cronistas refieren el encuentro entre el Emperador y la fruta no menos real ni coronada, pues –volvemos a Zequeira– Ceres «la gran diadema/ La ciñe de esmeraldas».

«Las piñas son del tamaño y figura exterior de las piñas de Castilla» –cuenta el padre Joseph de Acosta en su *Historia natural y moral de las Indias*–; «en lo de dentro, totalmente difieren, porque ni tienen piñones ni apartamientos de cáscaras, sino todo es carne de comer quitada la corteza de fuera; y es fruta de excelente olor y de mucho apetito para comer». Hasta ahí el cronista rima con el poeta. Luego, al pasar la gustosa descripción a la relación del desencuentro, esto: «Al Emperador D. Carlos le presentaron una de estas piñas, que no debió costar poco cuidado traerla de Indias en su planta, que de otra suerte no podía venir; el olor alabó; el sabor no quiso ver qué tal era». Todos los caminos conducen al aroma. No así al sabor. ¿Por qué? El mismo Joseph de Acosta ha dado una pista: «Algunos tienen opinión que engendran cólera, y dicen que no es comida muy sana». Al Emperador le han llevado un trozo de América para que la pruebe, para que saboree la inmensa tierra que multiplica sus dominios. No lo hace. Prefiere no probarla. Desde fuera, vista y olfato, la domina como una diminuta colonia. El paladar quizá lo hubiera seducido, como a los dioses del Olimpo. Eso lo hubiera desplazado peligrosamente allende el mar, hacia algún rincón desconocido y excéntrico; y él –no es posible olvidarlo, ni siquiera él mismo lo puede olvidar–, él es el eje, el cetro, el centro. Sin embargo, sería negligente no reconocer en su inapetencia un temprano indicio de desdén y desprecio.

América despierta curiosidad y admiración. Navegantes y conquistadores, cronistas y evangelizadores, que conocen *lo de dentro*, como dice el padre Acosta, así lo testimonian. La curiosidad podía ser peligrosa: «había frutas salvaginas de diferentes maneras» –leemos en la Carta del Doctor Chanca–, «de las quales algunos no muy sabios probaban, y del gusto solamente tocándoles con las lenguas se les hinchaban las caras, y les venía tan grande ardor y dolor que parecían que rabiaban». No por peligrosa esa curiosidad dejaba de ser insaciable, casi infinita. La búsqueda del sabor arrastraba a algunos a extremos tan delirantes como la paralela y esa sí unánime búsqueda de oro. Sin dejar las aromáticas páginas del Doctor Chanca ni apartarnos de la intrigante flora americana, puesto que hemos colocado una piña en el Olimpo y otra en la mesa de Carlos V, podemos señalar un caso particularmente impresionante. Que un árbol no estuviera cargado, lejos de frenar el apetito lo atizaba. Desde muy temprano la ausencia era un fruto de esta tierra. «Hay árboles que pienso que llevan nueces moscadas, salvo que agora están sin fruto, é digo que lo pienso porque el sabor y olor de la corteza es como de nueces moscadas». Quien no pueda llegar al sabor de *lo de dentro* en el fruto, que lo adivine en la corteza. Morder, lamer, saborear la superficie donde se posa la luz, alumbra el camino hacia lo desconocido. Un piropo descomunal y profético. Aquí hay que saber de ausencia.

Pero el Emperador no prueba la piña. Europa vive el Renacimiento, redescubre a sus clásicos, vuelve a afincarse en sus raíces griegas y romanas –Carlos es I de España y V del Sacro Imperio Romano–; un viaje vertical a su propio pasado que la conduce a la modernidad.

Europa descubre a América allende el Atlántico pero quiere descubrirse a sí misma en el Mediterráneo. En su propio horizonte, en su propio espejo. Habría que atravesar ese espejo –como Alicia– para confrontar la exuberancia y la extrañeza de la piña. Ni está lista ni dispuesta para hacerlo. No se puede dejar arrastrar por las sirenas. La tentación podrá ser americana pero su vocación es europea. Por eso América irrumpe pero no interrumpe.

5.

Entre las primeras obras de arte americano que llegan al Viejo Mundo hay algunas tan amarillas y ricas como la piña. En la *Segunda Carta de Relación* a este mismo Carlos habsburgo y teutón aunque coronado español y laureado romano, fechada en Segura de la Frontera, Nueva España, el 30 de octubre de 1520, Cortés informa acerca de la *medida de oro* exigida a través de Moctezuma a los señores de las provincias y ciudades mexicanas. Audaz pivote entre dos poderosísimos imperios, el capitán le cuenta prolijamente al emperador cristiano lo que le había dicho al otro, deslumbrante y bárbaro. «Le dije» –le dice– «que vuestra alteza tenía necesidad de oro para ciertas obras que mandaba hacer». Lo que sigue es pura arqueología. Y no hay que excavar. Todo está a la vista. Basta leer. Desde hace siglos hay en esta relación un museo de ausencias. Las manos que la redactaron pesaron, tocaron, acariciaron –que cada cual sueñe el orden que prefiera– exquisitas piezas de orfebrería. Lágrimas del sol, decían los incas.

> Y así se hizo, que todos aquellos señores a que él envió dieron muy cumplidamente lo que se les pidió, así en joyas como en tejuelos y hojas de oro y plata. Y otras cosas de las que ellos tenían, que fundido todo lo que era para fundir, cupo a vuestra majestad del quinto, treinta y dos mil y cuatrocientos y tantos pesos de oro, sin todas las joyas de oro y plata, y plumajes y piedras y otras muchas cosas de valor que para vuestra sacra majestad yo asigné y aparté, que podrían valer cien mil ducados y más suma; las cuales demás de su valor eran tales y tan maravillosas que consideradas por su novedad y extrañeza, no tenían precio ni es de creer que alguno de todos los príncipes del mundo de quien se tiene noticia las pudiese tener tales y de tal calidad. Y no le parezca a vuestra majestad fabuloso lo que digo, pues es verdad que todas las cosas criadas así en la tierra como en la mar, de que el dicho Mutezuma pudiese tener conocimiento, tenía contrahechas muy al natural, así de oro como de plata, como de pedrería y de plumas, en tanta perfección que casi ellas mismas parecían; de las cuales todas me dio para vuestra alteza mucha parte.

Cortés no exageraba. Lo confirma ampliamente el testimonio de Durero, que vio la inaudita colección ese mismo año en Bruselas, donde se celebraba la elección del joven Carlos como emperador sacro y romano. Se trata de la primera muestra de objetos americanos sólo si se olvida que Moctezuma y otros grandes señores los coleccionaban. Que no haya olvido. Si muy cerca de sus palacios —*sus casas de aposentamiento*— el azteca tenía un impresionante jardín zoológico con gran variedad de aves de rapiña, «de cernícalo hasta águila», así como «leones, tigres, lobos, zorras, y gatos de diversas maneras», este mismo exagerado y rugiente jardín, repetido y multiplicado en escala de oro y plata, lo tenía siempre a mano. Es comprensible la admiración de Durero, singularmente apto por cierto para calibrar la bizarría y la ejemplar maestría de estas obras, pues proviene de una familia de orfebres. Anota en su diario:

> He visto las cosas que le fueron enviadas al Rey desde la nueva tierra del oro, un sol hecho todo de oro, de una braza de anchura, y una luna toda de plata, del mismo tamaño, y también dos habitaciones llenas de las armas del pueblo de allá, y todas clases de maravillosas armas suyas, jaeces y dardos, muy extrañas vestiduras, lechos y toda índole de asombrosos objetos de uso humano, mucho más dignos de verse que prodigios. Todas estas cosas son tan inapreciables que se les ha valuado en cien mil florines. En todos los días de mi vida no había visto nada que regocijara mi corazón tanto como estos objetos, pues entre ellos he visto maravillosas obras de arte, y me pasmo ante los sutiles entendimientos de los hombres de otras partes. Verdaderamente soy incapaz de expresar todo lo que pensé allí.

Resultan tan inapreciables que Durero las avalúa en cien mil florines. Se le ha puesto un precio a lo que no lo tiene: tintinea a razón de cien mil florines. Cortés también incurre en esta aparente contradicción: «por su novedad y extrañeza» estos objetos «no tenían precio». Sólo que «podrían valer» —acababa de decir— cien mil ducados». Cambia la moneda: florines o ducados, no el tintineo. La admiración y la cifra son idénticas. Lamentablemente lo apreciado de veras fue el metal, no la orfebrería.

6.

Fluxes grises, negros, azul marinos, como las omnipresentes corbatas, algunos estrenados, los más con evidente desgaste en el cuello o el bolsillo derecho; blusas de dacrón, a veces de seda o hilo, en los mismos previsibles colores; faldas largas, el falso —así se le dice al ruedo—, casi siempre a la altura de la rodilla o algo más abajo, el zipper en ocasiones trancado, mordido un trozo de tela; zapatos de cuero, semicuero o evidente imitación, sobrios, raros los tacones altos y afilados como agujas, aun en las jóvenes, la talla ahora gigantesca para los metatarsos y las falanges a punto de desarmarse; bajo la pelvis o sobre las costillas superiores, residuos de gel cohesivo o de polímero de dióxido de silicio —silicona—, ampliamente utilizados para prótesis de aumento en las mamas o los glúteos, no siendo raro el hallazgo de unidades todavía resistentes al tacto ni de muescas en el tejido óseo que durante un indeterminado pero extenso período les sirvió de apoyo; los cráneos y huesos largos muy excepcionalmente con huellas de violencia; puentes entre molares ocasionalmente erosionados o desviados por la presión, dentaduras postizas todavía capaces de una sonrisa perfecta, abundantes las obturaciones de zinquenol, resinas, vidrio ionomérico, amalgama y diversos metales, todos ennegrecidos, coronas de oro y porcelana; alguna espina casi intacta, restos de pétalos y polen, probablemente de un ramo de flores blancas colocado entre las manos cruzadas sobre el pecho, y caídos al fondo del ataúd a medida que se esqueletizaba el cadáver; medallas de santos y santas, por lo general de plata, a veces con nombres y hasta dedicatorias apenas legibles grabados en el reverso; pequeños crucifijos, también de plata, entre el metacarpo y las falangetas de una mano, casi siempre la derecha, como si un rezo los apretara todavía. Es esto lo que arqueólogos de futuros siglos hallarán. Da vergüenza la pobreza de nuestros cementerios. Ni un vestigio de la profunda arquitectura etrusca, egipcia, mochica o maya. Nada sino huesos, amplia e indubitable evidencia del falseamiento del cuerpo por cirugía estética y unas mínimas y pobres imágenes de nuestros escasos dioses. A nadie se le ocurrirá dedicar la vida entera a excavarlos. Nuestras tumbas sólo han despertado algún ocasional entusiasmo como pasado muy inmediato, fresco todavía, entre quienes compraban y vendían cadáveres para clandestinos estudios de anatomía. De eso hace siglos. En época reciente se han repetido estos raros episodios con otros fines: para brujerías y ritos satánicos, o para amores aún más prohibidos, que han inspirado novelas como *Noches lúgubres* y boleros como *Boda macabra*. A pesar de José Cadalso y Andrés Cisneros, sin embargo, la necrofilia es rara y sus flores suelen ser retóricas. *Rigor mortis*, que no alquimia del verbo. Declamen esto:

> Me agrada un cementerio
> de muertos bien relleno,
> manando sangre y cieno
> que impida el respirar,
> y allí un sepulturero
> de tétrica mirada
> con mano despiadada
> los cráneos machacar.

Agradezcan las carcajadas a Espronceda. Pero pregúntense por qué en nuestros cementerios sólo puede interesar la muerte. Nunca la vida, la belleza, el arte. ¿Acaso porque creemos en la muerte pero no en los muertos? ¿Qué pasó con la vida perdurable? La rima en yeso que corresponde a la literatura necrofílica está, como los epitafios, a la vista de todos. Menos de los muertos. Los santos, vírgenes y ángeles de yeso, hechos en moldes como múltiples industriales, yacen siempre sobre las tumbas, nunca dentro. Acompañan a los vivos, no a los difuntos, que quizá serían algo más exigentes. Si quieres arte, dicen las trompetas de esos ángeles y el blanquísimo rubor de esas vírgenes, no lo busques aquí. Aquí no hay nada sino muerte. Ve a los museos, a las galerías, a las casas de subasta; vuelve a tu estar tú que por ahora aún estás, y disfruta las paredes disfrazadas de desnudos y paisajes hechos ayer mismo para ti, a tu gusto, casi pintados por ti, por tus propios bolsillos. Así sabrás que estás vivo, que todavía eres dueño de cuanto reluce en los nichos de tu sala, que tal vez tengas deudas pero no deudos, que nadie ha heredado tus cosas todavía ni ha tenido que decidir dónde meterlas, dónde mejor subastarlas o venderlas. Nadie niega en tu cara que tienes un gusto infalible.

Nuestros días son pobres. ¿Quién puede jactarse hoy de ser cubano o chino o escandinavo como Tito Livio se jactaba de ser romano? No hay dioses recorriendo nuestras calles; los sabios son muy pocos, y su palabra pesa menos que una moneda. ¿Y la palabra de los poetas? Más palabra tienen los gángsters. ¿Y los escritores? Excretores. Hay héroes cobardes, con epopeya de bolsillo, suficientemente mediocres como para asumir el liderazgo de una masa hambreada, ignorante y resentida; y budistasególatras, siempre dispuestos a negar el yo ajeno, que sólo niegan el propio, supremo, con la no muy secreta esperanza de ser premiados. ¿Hoy quién se atreve a ser un dios? Antes la muerte no asustaba tanto como no vivir. Quizá por eso, como nunca, se escarba la tierra buscando el rumor y la luz de otras épocas. Inventamos el futuro, las pesadillas de la utopía y el opio del más allá, pero vivimos de las limosnas del pasado. Y lo resentimos, porque la propia lengua se nos muere en la boca; y a veces sospechamos que sólo las lenguas muertas viven todavía. Si quieres lectores, hazte traducir al latín o entierra tus inéditos en Teotihuacán, Uxmal, o Tulum. O a orillas del Mar Muerto.

7.

Los siglos enterrados en 1492 y en 1521 y en 1533, y siempre, se han ido desenterrando. Por el hallazgo fortuito de esculturas monumentales, o la búsqueda, afiebrada a veces, de piezas de oro que los joyeros de inmediato fundían para elaborar anillos o medallas religiosas, empezó a reaparecer un rostro oculto y casi siempre despreciado. Hubo gente en Perú que hacía prácticas de tiro al blanco con las cerámicas halladas en sus haciendas. Una cantidad enorme de ídolos y vasijas fueron despedazados a medida que afloraban. Eran cosas del diablo. La superstición le dio un terrible segundo entierro, rápido, hasta violento, a muchas urnas cuyos cráneos y fémures y tibias tornaban hostiles, casi repugnantes, al delicado bol de ofrendas roto y las cuentas dispersas del collar de concha o cornalina. Poco a poco surgió un interés por estos objetos. Casi siempre por parte de extranjeros. Al fin empezaban a ser apreciados. Tenían por lo tanto valor, precio, mercado. Podían ser explotados y hasta exportados. En años recientes, sobre todo a raíz de la prohibición del comercio internacional, los precios han aumentado exponencialmente. Y los falsos, por supuesto. La prohibición, pareciera, no frena al tráfico: lo impulsa; es un acicate para los precios, a tal punto que si no existiera, los mercaderes gustosamente la inventarían.

Que no se prendan las luces rojas. Ni beaterías ni patrioterismos. No pretendo justificar la bochornosa depredación de ciudadelas y sitios ceremoniales, el secuestro de estelas y monumentos, de objetos raros, quizá únicos, valiosísimos más allá, mucho más allá de todo precio, rigurosamente inapreciables para la reconstrucción por ausencia de tanta historia nuestra, mentís rotundo por su extrañeza, delicada y fiera a la vez, a la pretendida novedad de lo milenario nuestro, lo arcaico nuestro, tan presente todavía. Mi razonamiento es otro. Y tiene que ver precisamente con el concepto de lo falso. Pero sí pregunto, ¿por qué se puede colgar un retrato de Picasso fuera de España, fuera de Cataluña, en París o Varsovia, en Lima o en Bogotá, y un espléndido retrato mochica, trazado en color y relieve sobre una vasija, debe quedarse en Perú, como si lo nuestro, capaz de un tawantinsuyu no sólo de cuatro confines sino sin confines, se tuviera que arrinconar incestuosamente en la frontera propia, como cosa exótica o provinciana? El motivo, creo, no se debe a razones de estado ni de patrimonio nacional, sino al cuestionamiento que en el terreno de la falsedad estos objetos pueden suscitar en el mercado de arte contemporáneo.

8.

A diferencia de la teología, donde hay que prenderle a cada santo una vela, las catedrales, la épica, el romancero, las tallas de madera y marfil, los manuscritos iluminados, casi todo el arte medieval, es anónimo. Esto cambia en los albores del Renacimiento. Por así decirlo, el arte anónimo ya había pasado de moda en 1492, en 1521 y 1533. Las nuevas órbitas trazadas por el humanismo para el mundo espiritual, lo centran, no en Dios y el más allá, sino en el aquí y ahora, en el hombre. La escatología pasa a ser historia, política, ciencia. El hombre descubre al hombre antes de descubrir a América, el heliocentrismo y la circulación menor. Al finalizar la época de la construcción de catedrales, se altera la relación, simbiótica casi, entre arte y religión. Cesa entonces el anonimato de los artistas. Quienes hacían imágenes de Dios se van convirtiendo en imágenes de dioses. Firma, autorretrato, fama, la gloria es suya aquí mismo en la tierra: ya no hacen dioses, se hacen dioses. No más Cristos ni vírgenes ni santos románicos, góticos, milagros anónimos todos. Ahora el milagro reza Rafael Sanzio o Jacopo Robusti. La conclusión es evidente: el Cristo de Velázquez no es un Cristo, es un Velázquez. Mientras uno sigue en la cruz, el otro llega a la gloria. Los mecenas, pioneros del coleccionismo, y ahora las casas de subasta y el mercado en general, saben apreciar perfectamente la diferencia. Tanto así que un autorretrato no resulta inapreciable porque muestra a Rembrandt o Durero sino porque es un Rembrandt o un Durero. La Biblia misma, que sería descubierta por Lutero como si se tratara de un continente inexplorado, lleva firma desde mediados del siglo xv. Tanto como de Isaías y Ezequiel o de San Marcos y San Mateo, desde 1456 es obra de Gutenberg. La Biblia de 42 líneas se convierte en un codiciado artefacto. Pero el precio apocalíptico que llegará a tener se lo debe a Gutenberg, no a San Juan, el Teólogo. Otro ejemplo, elocuente por los cuatro costados. En *Las Meninas* se retrata a la pareja real, que paradójicamente sólo vemos, barroca por borrosa y desfigurada, en el espejo que parece un cuadro colgado en el fondo del cuadro. De frente, en primer plano, están las hijas de Felipe iv y Mariana de Austria, los enanos, el mastín. Al fondo pero –dada la perspectiva– ocupando el centro del cuadro, enmarcado por la puerta abierta y resaltado por la luz exterior, como otro cuadro dentro del cuadro, un personaje secundario, el aposentador de la reina, don José Nieto de Velázquez. A la izquierda, instrumentos de trabajo en mano, detrás precisamente del lienzo que está pintando –ese cuadro que no vemos pero que estamos viendo– el artista mira, nos mira. Insistentemente. Retados, asombrados, los ojos le sostienen la mirada, hasta que al fin nos damos cuenta de lo que vemos: la obra es él. No la pareja real, no las meninas, ni los enanos, ni el mastín echado a sus pies. Todos estamos a los pies de Velázquez. Unos de espalda, otro a sus espaldas; nosotros, como la pareja real, de frente, como si nos fuera a incluir en ese cuadro que vemos y no vemos. Un Velázquez que es Velázquez en el instante en que crea un laberinto para la mirada. Es yo, dice. Yo, Dédalo. Yo, Dios del Génesis. Yo, yo. Un Velázquez que ni los reyes podrán comprar.

9.

El contraste con los profesionales del yo es absoluto. Un arte enterrado. Un arte anónimo. Obras, nunca sobras, que pueden acompañar a los dioses y los muertos, esos otros dioses. Para decirlo de una vez: lo que me apasiona del arte precolombino en realidad poco tiene que ver con los objetos que me cautivan y sí con pequeños detalles como los que acabo de enumerar, ejemplares todos ellos para la sociedad que produce y consume una enorme cantidad de libros y artefactos que a su vez producen y consumen diez o más minutos de fama y gloria, llenando y vaciando el bolsillo más que la mente o esos otros ámbitos cuyos nombres, empalagosos y reducidos a naderías, hay que buscar en el diccionario etimológico para saber qué rayos quieren o querían decir: espíritu, alma, corazón. Con la esperanza de que no pasen enteramente desapercibidos, repito estos detalles. Vale la pena pesarlos como oro. Un arte enterrado. Un arte anónimo. Obras para los dioses y los muertos.

Otro detalle: los orfebres que hicieron el zoológico de Moctezuma Xocoyotzin eran chamanes. Podían transformar la materia porque ellos mismos eran capaces de transformarse. Cada uno encarnaba una metáfora viviente y podía decir yo es otro: yo es jaguar, o sapo, o caimán, o culebra. La tercera persona no se reducía a la estrechez de una primera persona, tuya o mía. La alquimia del verbo era práctica cotidiana; Rimbaud no era excepción sino regla; y vida y muerte, no sólo por los sacrificios y las guerras, iban juntas, como siamesas.

10.

Deslindar lo falso me ha ayudado a reconocer objetos dudosos en el mercado de arte precolombino pero sobre todo me ha expuesto la falsedad del mundo que me rodea. Sobrevivo entre personas y cosas que no resisten el menor escrutinio: sujetos falsos, situaciones falsas, obligaciones falsas, poemas y poetas falsos, de palabras sin palabra, artistas que con mi arte tengo –a uno que hacía enormes culos de yeso para adosar a las paredes le pareció interesante que le preguntara si se trataba de autorretratos–, habanos falsos y por ende humos falsos –hasta los propios hay que bajarlos–, y así hasta rincones del yo que hubieran preferido permanecer en la sombra. Una lección amarga. «La verdad y la mentira» –dice Montaigne– «brindan aspectos que se complementan; el porte, el gusto y el aspecto de ambas son demasiado parecidos: las miramos con los mismos ojos. A mí me parece que no sólo somos débiles para defendernos del engaño, sino que además lo buscamos convidándole para aferrarnos a él. Nos encanta complicarnos con lo inútil, como cosa en armonía con nuestro ser». Un ejemplar descendiente de Montaigne, tataranieto adoptivo de sus ensayos y de su lengua, el rumano E.M. Cioran, ha sido más tajante. Lúcido y amargado, solar y desolador, como siempre, subraya que la sociedad es una impostura. «Gracias a que somos todos impostores» –cito su *Breviario de podredumbre*–, nos soportamos los unos a los otros. Quien no aceptase mentir vería a la tierra huir bajo sus pies: estamos *biológicamente* constreñidos a lo falso».

Yo me enterré en el arte antiguo de América asqueado por la falsedad del arte contemporáneo. Algún día, según Picabia, los artistas pondrían mierda sobre un plato y los burgueses lo comprarían. Ese día llegó hace rato. Hace ya muchos años una galería francesa vendía ampolletas de orine de reconocidos artistas. Artistas estabulados. Las creaciones, que seguramente despertaron en la crítica resonancias del vidrio romano o bizantino, estaban debidamente firmadas, y así autorizadas, por sus respectivos riñones. Meada culpable, que no mea culpa, de un mercado que ha hecho de la falsedad su razón de ser y de hacer y promueve el precio como obra de arte. Al venderse un

Klimt por $135.000.000, como sucedió hace poco, o un Van Gogh por 50 o 60, el acento no cae en el artista sino en la moneda, asunto que ya tenían perfectamente claro tanto Cortés como Durero.

11.

En 1520 se da la primera y tempranísima prohibición del tráfico de arte hoy genéricamente llamado precolombino. Lo inapreciable fue despreciado. El oro de América debidamente fundido, aquilatado y pesado, llegaría exclusivamente en montones de monótonos y casi euclidianos lingotes. Queremos aquilatarte y pesarte, América. Pero en oro y plata: no son obras sino sobras del mismo diablo tus delicados jaguares y tus águilas, tus serpientes y tus ranas. El oro es para crucifijos y vírgenes, sobre todo para monedas. Lo demás no vale nada. No había ni un falso entonces. Ni uno entre las maravillas que enviaran los mexicanos, aunque entre aquellos hipotéticos ducados y florines, quién sabe. Son despreciadas y prohibidas precisamente porque en ellas no había sino «novedad y extrañeza», «calidad», «perfección». La perfección que muere de rodillas, como dijera Lezama. La piña que muere de rodillas. La raza que en el vasto reino que se iba conquistando moriría de oro y de rodillas. Carlos I de España y V del Sagrado Imperio Romano, no quiso probar la piña ni coleccionar objetos como los que atesoraba Moctezuma. Tampoco querrá escuchar los razonamientos de Lutero, menos fiero que los aztecas pero más protestante. Mucho más protestante.

12.

A partir del siglo XVI hay un resentimiento a lo americano. Sólo como ruina se le permitiría una semejanza con Europa. Destrozada, sepultada, Tenochtitlan tal vez podría resistir la comparación con la añorada Troya o el suntuoso palacio de Minos. Lógicamente primero había que vaciar a América de su pasado. Había que arrancarle también su presente, deslumbrante y feroz. De su futuro, de la formación de sus futuras élites, se ocuparían los jesuitas. Nada menos que los enemigos de la Reforma, los archienemigos de la modernidad, sembrarían moral y luces en el novísimo y siempre renovado nuevo mundo, cuya inexistencia, decretada en la piña dorada y en cien, tal vez cientos de pequeños animales adorados como metal y despreciados como arte, sería el único punto de partida posible para esa ficción que aquí ingenua o generosamente algunos han llamado historia. Durante siglos desaparecieron los objetos de oro mexicanos. Se llegó a pensar que no existían. El juicio sobre aquellos ocasionalmente ofrecidos en el embrionario mercado de arte precolombino seguramente no se hacía esperar. Era sumario: falso. Seguirían siendo inapreciables y despreciados, inexistentes y falsos hasta que Alfonso Caso desenterró en el valle de Oaxaca las ruinas de Mitla y Monte Albán, ciudades fundadas y luego abandonadas por los zapotecas ante el asedio de los mixtecas, que eventualmente las ocuparon. Cuando se excavó la famosa Tumba 7 de Monte Albán, repleta de orfebrería mixteca, ni Cortés ni Carlos ni Durero estaban ahí, aunque por nuestra crónica anacronía es como si esto hubiera vuelto a suceder en 1520. ¿Historia o ficción? ¿Quién sabe? ¿Y el mercado? Ni que decirlo: se dispararon los precios. Y los falsos.

13.

¿Objetos que mimetizan como insectos al arte precolombino para atrapar al primer curioso desprevenido que se aproxime? Los hay. *Caveat emptor*, etc. Pero ¿cómo no advertir que la depredación rampante, el canibalismo al por mayor, se debe a la inmensa cantidad de originalísimas sobras contemporáneas que atiborran galerías y salas de subasta, colecciones privadas y hasta museos?

Con un agravante: ahora es el sujeto en sí lo que está en cuestión. La falsedad exige como mínimo un dueto, pues siempre se consuma en la transacción; y ésta se ha perfeccionado a tal extremo que ha llegado a ser plural y unánime. Falsa de cabo a rabo, como vaticinó Picabia. Abarca cada aspecto del negocio. La falsedad está en los vendedores, por supuesto. Pero también en los compradores. Y sobre todo en los creadores. Algunos coleccionistas que evitan lo antiguo por temor al engaño, se llenan de falsos en las galerías y sobre todo –los más astutos– en los talleres de los artistas. Las situaciones creadas por este complicado y cómplice triángulo lucroso son dignas de una comedia de Plauto. Mencioné situaciones falsas. Un ejemplo: el dueño de una valiosa colección de arte conceptual, me consta, no sabía quién era Escher ni mucho menos Smithson o Morris. Pero estaba al tanto, y cómo, de las últimas cotizaciones de cuanto había logrado reunir. El arte conceptual, por cierto, da y rinde mucho fruto, aunque la mayoría de quienes lo cultivan sufrirían un infarto o una apoplejía si por casualidad se les ocurriera un concepto. Descienden de Duchamp, sin duda. Pero han descendido mucho. Demasiado.

Así surge el falso por contexto. Hay bibliotecas repletas de lujosas ediciones, siempre colocadas en un lugar muy visible, y en riguroso orden de tamaño y color, que sólo serán visitadas por el plumero de la mujer de servicio. No se trata de libros, lo cual implica lectura, sino de adornos. De objetos. Y objetos falsos, entiéndase. Este lujo resultaría mucho menos costoso, y socialmente valdría lo mismo, si esos títulos tan bien encuadernados se editaran con las páginas en blanco. Una forma más generalizada del falso por contexto se da por la imitación de aquello que aún siendo válido en determinada sociedad resulta un contrasentido en la vecina. El concepto de *fast food* es de una lógica irrebatible en la sociedad sajona, donde la expresión *time is money* se verifica cotidianamente en la puntualidad exigida a trabajadores y empleados, a banqueros y empresarios, y también a amigos y visitas. Pero un McDonald's en Caracas es una parodia. Una caricatura. Un falso. A pesar de los años que llevo viviendo acá, no he dejado de ser tan puntual como los reyes de Inglaterra. Eso me ha ocasionado muchos inconvenientes. ¿Cuántas veces no he tenido que pedir disculpas por llegar a una cena o una reunión a la hora acordada? La puntualidad no es la norma. He llegado a creer que es de mal gusto. Y por lo visto acá ese gusto es exclusivamente mío.

El concepto del falso por contexto obliga a conclusiones carentes de sentido común, temerarias, pero tan tentadoras que provoca decirlas. Vociferarlas. Lo que nace de ciertas manos es por definición falso. Y lo que caiga en ciertas manos, aunque sea la Mona Lisa, el Partenón, una cabeza colosal olmeca, o hasta el Templo Mayor, se convierte automáticamente en falso. Es posible engañar a quienes viven del engaño. No a los muertos ni a los dioses. Los bárbaros, por lo menos, no los engañaban. ¿Y nosotros, pregunto? La respuesta aún no la sé, pues parece que todavía estoy vivo. En todo caso, y porque creo en la imaginación pero no en la mentira, me quedo con el arte de los bárbaros, a quienes espero con creciente ansiedad en algún poema de Cavafis.

14.

—¿Por casualidad usted se llama Epiménides?, pregunté en un español lento, lentísimo, gastrópodo, para cerciorarme de que me entendiera. Pensaba en el inventor de la célebre paradoja. «Todos los cretenses son mentirosos,» decía aquel cretense. De entrada, quedaba pasmado el auditorio. Y de salida, nada. La paradoja era tan inextricable como el otro laberinto de Creta. Epiménides descendía de Minos o Dédalo. Un descendiente directo aunque torcido o retorcido por las cabriolas de la lógica. ¿De cuál de ellos? ¿Quién sabe? Tal vez era lo único, lo último, que quedaba del pobre Minotauro, que con una trampa aún más tremenda que el caballo troyano se vengaba del encierro y de la muerte. Del caballo habían salido en silencio los tramposos griegos; al laberinto y a la frase tonante, ctónica casi, entraban para nunca salir esos mismos griegos engañados.

—No, no, me quiamo Kemal. Ke, mal, como Ataturk. Ke, mal. Su español también era lento, lentísimo, gastrópodo, pero chispeante, desconcertante. Dueño de una de las innumerables tiendas del Gran Bazar de Estambul, era Babel en persona. Cada turista que se acercaba a su pequeño pero atiborrado arrecife coralino, era abordado por este escuálido, simpático y robusto por demás, en alemán, francés, italiano, ruso, hasta chino, imagino, según las frases, las palabras o las sílabas sueltas captadas por su infalible radar. A mí me mostró una hilera de colmillos españoles algo itálicos, acaso egeos.

Como yo me había mostrado impávido ante sus primeras rondas, dijo, pidió, luego rogó, una gran sonrisa en los brazos abiertos y en la boca nunca cerrada, que entrara a ver las alfombras.

—Mi señora está adentro, espeté, como si le diera un oportuno manotazo al hocico del incesante tiburón.

—¡Ay, lo siento mucho, sinior!

Ahí solté la primera carcajada.

—¿Cómo dijo?, pregunté para cerciorarme de que ahora en efecto me acompañaba una hermanita de la Caridad. O un compungido empresario. O tal vez un escaso vendedor. Pero no aquellas agallas y colmillos.

—Que lo siento mucho, sinior, repitió con una sonrisa tan maliciosa como sincera, que de inmediato me regaló otras carcajadas, amén del infaltable y delicioso té de manzana.

—Elma, elma, beba, beba, bueno.

Mucho antes de agradecerle el té, éramos ya viejos amigos. Entonces, y sin duda gracias a esa ciceroniana sinceridad que los Escipiones le deben a los Lelios, y los viceversos Lelios a los Escipiones, y por lo visto los Kemales vices a los Octavios versos, fue entonces que quedé cautivado, preso, atónito, atrapado para siempre, pues Kemal me dijo al oído que le garantizara a la siniora que en su tienda podía comprar con tranquilidad y confianza. Me dio su fulgurante y pasmosa garantía.

–Engañamos menos.

Epiménides estaba en el Gran Bazar de Estambul el 25 de agosto del 2004. Aunque ni él mismo lo supiera, o por temor a los turcos lo ocultara, esa frase lo delató. De ahí mi pregunta. Kemal ni sabía ni sospechaba quién era el cretense. Pero era él, innegablemente. Lo he recordado para aprovechar la frase de ese viejo amigo al concluir. Collares de concha y tallas de piedra, venus que no aspiran al próximo Miss México o Miss Perú o Miss Venezuela, pero que nos hechizan y nos hechizarán durante siglos, dicen su misteriosa canción a quien los sepa acompañar. Es cierto que la codicia ha entremezclado entre ellas lo dudoso y más que dudoso. Aún así, sinioras e siniores, engañan menos.

Caracas, 27 de agosto 2006[1]

---

[1] Reconstruyo aquí la charla que con este mismo título di en la Biblioteca del Museo de Arte Contemporáneo de Caracas Sofía Imber el 22 de abril de 1999. El evento fue grabado. Los esfuerzos para obtener una copia han sido inútiles. Esa grabación –y muchas otras– se han perdido del archivo de dicha institución. En 1999 trazaba tangentes entre arqueología y lenguaje para ilustrar el tema en la literatura de nuestros días: academias, talleres, ideologías *prêt-à-porter*, amparan la producción masiva de falsos para lectores incautos. Subrayo ahora otro aspecto del mismo asunto, enfocando la producción no menos masiva de falsos para las paredes. Novelas, poesía, cuentos, amparados por sagaces y a veces crípticas críticas: libros de bolsillo, ya no por la dimensión y la manufactura, sino por el origen y la meta; y cuadros, esculturas, grabados, arte de bolsillo también, para quienes puedan cancelar la factura de 100.000 maleducados florines.

Moscas de bronce

No todas las observaciones de la ciencia duran más que el papel y la tinta. Muchas se queman sin llamas. El olvido, casi siempre piadoso, le ha ahorrado a Praxágoras una luz incómoda. Hoy nadie recuerda que la palabra arteria registra un error suyo. Adumbrado por los siglos, sólo el étimo afirma que estos vasos tan sanguíneos son conductos de aire. Es más fácil atreverse al fracaso que a la memoria. ¿Lo sabría Homero al pulsar unas alas transparentes? Su plectro nos ha dejado una razón secuestrada al fuego y otros olvidos: la tenacidad de las moscas. Envidiable para poetas y entomólogos, esta embrionaria psicología del díptero logra algo inusitado: que lo repulsivo no esté reñido con el bronce. Ciertamente hay algo épico en el trajín de los insectos que revolotean entre aqueos y troyanos. Parecen de bronce. Pero de eso sólo nos hemos dado cuenta gracias a Homero. Es posible que la imagen se le haya ocurrido en algún campo de batalla durante el fragor del combate. O días después. Ya no quedan ni valientes ni cobardes. No hay gritos de ira, ni lamentos, ni imploraciones, ni quejidos de moribundos. Sólo cadáveres y moscas. El olor dulzón de la sangre a punto de coagularse huele a otra cosa. Al putrificarse han empezado a ser marmóreos los valientes y heces los cobardes. Las moscas, afanosas, ni reconocen ni valoran esos sutiles distingos. Les da lo mismo que este muriera con el pecho destrozado y aquel de rodillas o con una flecha clavada en la espalda. Testigo excepcional de este combate unilateral, minucioso, liliputiense –final pero nada decisivo–, Homero vislumbra un mundo que como los dioses no se hace visible para todos. Al zumbido de miles y miles de guerreros de cabeza elíptica que no le temen ni a valientes ni a cobardes, ni a Zeus ni a los muertos —ni siquiera a sus epítetos—, quizá sueñe seis patas para Aquiles y ocelos para Héctor. En vano: los sueños sueños son. Ni una metamorfosis podía despertar a los caídos; y él sólo podría concederles la inmortalidad. Eso hizo.

Caracas, 19 de abril 2005

La ciudad y los perros

> Homo homini lupus
>
> Plauto

1.

Los perros del Capitolio formaban parte de las defensas de Roma cuando todavía no se habían levantado los muros de piedra que llevarían el nombre de uno de sus reyes legendarios, Servio Tulio. Estos perros eran mantenidos a expensas del tesoro público para que la noche jamás pudiera hacerse cómplice del enemigo: el ladrón dentro, el bárbaro fuera. En el año 390 a.C. todos fueron crucificados. Un castigo escalofriante y ejemplar. ¿Para quién?

2.

Los hitos de la colonia que Cayo Graco pretendía establecer en Cartago fueron desenterrados de noche por las hienas. Ese portento marcó el fin del tribuno y su proyecto de colonización. Se inquietaron los augures; el Senado aprovechó el creciente malestar para proponer a la asamblea popular que se abrogase la ley de colonización. Los acontecimientos se precipitaron hacia un desenlace terrible. Fue como si de repente Roma misma se hubiera llenado de hienas. Graco tuvo que huir. Perseguido, cruzó el Tíber. Acorralado en el soto de Furrina, pidió a su sirviente que lo matara. El esclavo extremó la obediencia: mató al amo y luego se suicidó. El populacho que había apoyado al tribuno no se inmutó cuando su cadáver y los de unos doscientos cincuenta de sus seguidores fueron lanzados al río. Pesaban menos que los muñecos de paja de las Lupercales. La gente, además, ni siquiera se acercó a las orillas del Tíber; estaba en casa del tribuno, saqueándola. Los augures no se equivocaron. Habían triunfado las hienas.

Un detalle de lo acaecido en Roma ese día del año 121 a.C. parece estar subrayado groseramente con hocico. Cayo fue decapitado. Un traidor llenó su cabeza con plomo derretido y la llevó sin demora al Senado, donde se había ofrecido una buena recompensa por ella: su exagerado peso en oro. Al final la elocuencia del tribuno fue tajante. Vemos en la cabeza recién arrancada y rellena de plomo codicioso uno de los hitos desenterrados en Cartago. Hocicada, pesada, pagada, pasa a ser un límite extremo en la historia de la antigüedad. La historia y la leyenda todavía se disputan ciertos hechos. Aquella es una de esas fechas que nunca terminará. Quedan fuera de toda duda, eso sí, algunos nombres y una cifra. La lealtad se llamó Filócrates y la traición Septimuleyo. La cabeza pesó 17 libras y 2/3.

3.

En los gemelos fundadores Roma recuerda lobos. Los recordaba también cada 15 de febrero al celebrar la Lupercalia, festival sagrado dedicado al dios Fauno, el antiguo Pan de los griegos, quien como protector de los campos ahuyentaba las fieras. Ese día se sacrificaban cabras y carneros para aplacar el apetito que merodeaba por los alrededores de la ciudad, una irregular pero infranqueable línea que señalaba su otro límite. El de su medida, su crecimiento y su razón. El de su pujanza y su poder civilizador. Una frontera no sólo física sino mental: la retórica forense colindaba con el aullido, la noche indomable se burlaba de la república y del imperio. En una extraña encarnación de viejos pánicos, cada 15 de febrero lobos disfrazados de sacerdotes disfrazados de lobos disfrazados de ovejas reaparecían en el corazón de la ciudad, lo tomaban, volvían a recorrer sus calles. Los luperci correteaban por el Palatino rezando a gritos, rogándole a Fauno que espantara los malos espíritus; lanzaban muñecos de paja al río que en otra época seguramente los había exigido de carne y hueso; con las correas que empuñaban, hechas de animales sacrificados, pegaban a las mujeres que encontraban a su paso para purificarlas y hacerlas fértiles. Estos sacerdotes escasamente arropados en fajas de cuero se escondían en sus propios gritos. Eran lobos vestidos de oveja. Una suma infinita de fantasmas. La ciudad recordaba así su origen, sus fronteras, sus miedos. Los revivía, los administraba. Ultramar: hienas. Extramuros: lobos. Intramuros: *luperci*, gansos, perros. Roma como festival de canes.

Aúllos, graznidos, balidos, gritos, rezos. Un lenguaje ladrado, hostil a la perfección. Paralelamente la jerigonza de los bárbaros amenaza al latín imperial. Sepultado en vida durante su destierro en Córcega, Séneca se disculpa por la posible insuficiencia de la *Consolación a Polibio*: «Esto es lo que compuse, como he podido –rezan las líneas finales–, con un espíritu mustio y embotado por una larga dejadez. Si te pareciere que no corresponde a tu talento o que poco vale para curar tu dolor, piensa que no puede dedicarse con holgura al consuelo ajeno quien está abrumado de males propios y cómo no es fácil que se le ocurran palabras latinas a un hombre en cuyo derredor suena el aullido inarticulado de los salvajes, insufrible aun para bárbaros un poco civilizados». Mucho antes que las legiones, el latín se somete a la barbarie. Roma quedará tan desamparada como sus fronteras. Una Torre de Babel por dentro y por fuera. La historia se repite; la oratoria también. Redundan los hechos y retumban los ecos. «Te enorgullecías de aullar más diestramente que cualquier otro, y lo creo –le había espetado Demóstenes a Esquines en el *Discurso de la corona*, año 330 a.C.–, pues me resisto a dudar de que quien habla con voz tan tonante no descollase por sus aullidos». Cicerón, elegante pero romano, toma nota: ni aullar, ni ladrar. Pero tampoco extremar el aticismo: no escribir griego en latín.

4.

La fundación se debía a gemelos amamantados con leche de loba. Nacidos de una violación –se quebrantó el sagrado voto de castidad de una vestal–, Rómulo y Remo constituyen una simetría perfecta destinada al sacrificio. Sangre de Marte y leche de loba, guerra y sin par fiereza, se conjugaban para la creación de un centro indomable. Rómulo traza una circunferencia que delimita el sitio de la futura ciudad. La geometría como presagio de un orden inquebrantable. Perecería, advirtió, quien osase cruzar la línea que era un muro imaginario alrededor de una ciudad también imaginada. Remo muere en esa imagen. Celoso de la supremacía del hermano, cruza la línea prohibida y cae de una puñalada en el pecho. Su sangre es el presente originario de la ciudad futura, invisible aún pero ya indivisible. Se comprueba y se arrecia con el sacrificio la voluntariosa geometría de la fundación. La circunferencia como cuerpo: cimentada con sangre, la traza se levanta y da consistencia de piedra al límite imaginario. El fratricidio resultó ser literalmente edificante. La puñalada fortifica a la urbe. Remo fue su primer muro. Rómulo, su albañil.

5.

Transcurre el año 80 a.C. Al intervenir por primera vez en un juicio criminal, Cicerón compara a los acusadores de oficio tan abundantes entonces con los gansos y los perros del Capitolio. Es posible justificar, concede, que se levanten acusaciones sustentadas en meras sospechas: «Puesto que no pueden reconocer a los ladrones, [los perros] dan la alarma siempre que alguien se acerca de noche al Capitolio, y como esto ya de por sí implica sospechas, pecan por ser precavidos en exceso, aunque sean animales». Pero es preciso distinguir entre acusación y calumnia. «Si los perros ladraran igualmente de día ante la presencia de alguien que viene a venerar a los dioses, opino que deberían quebrarse sus patas, ya que se muestran enfurecidos sin haber ningún motivo de sospecha». Quienes se atreven a calumniar son responsables de una alarma indebida e innecesaria, equivalente a la provocada por imposibles ladradores y no por posibles ladrones: «si vuestra acusación consiste en afirmar que alguien ha dado muerte a su padre sin poder decir ni el porqué, ni de qué forma, y lo único que hacéis es ir proclamándolo sin tener ningún motivo de sospecha, nadie va a quebraros las piernas, desde luego; pero, si no me engaño, con los aquí presentes, van a grabaros en la frente aquella letra que os resulta tan desagradable que os lleva incluso a odiar todas las Kalendas, y así, en adelante, no podréis acusar a nadie más que a vuestra propia mala suerte».

El deber cívico justifica, incluso obliga, a que los ciudadanos denuncien cualquier comportamiento criminal o sospechoso, ya que «es mejor absolver al inocente que dejar de acusar al culpable». De hecho el castigo para los perros que ladraran de día, según el orador, debería ser idéntico al de los que no lo hicieron una noche tristemente memorable. La argumentación se apoya en una sinuosa pero estremecedora alusión. En el año 390 a.C. Marco Manlio pudo advertir la presencia de los galos gracias al estrépito de los gansos consagrados a la diosa Juno que se hallaban en el Capitolio: «El guarda del romano Capitolio —escribirá Lucrecio—, el blanco ganso, humano olor ventea». Esa noche los perros destinados a evitar un asalto sorpresivo no dieron ningún aviso, por lo cual se les impuso como castigo la crucifixión.

Al mencionar patas y piernas quebradas, Cicerón se refiere precisamente a ese castigo y a la caída de la ciudad en manos de los galos. Se trata de una doble sinécdoque. Señala un todo –el suplicio– con una de las partes: para tener la certeza de que los crucificados habían cruzado la Estigia se les solía romper las piernas. Simultáneamente alude a la constelación de sucesos asociados a la caída y la eventual destrucción de Roma con uno de ellos: la crucifixión de los perros.

Los hechos se encadenan; los tropos también. El curso de la historia se recapitula en el discurso que la fija, la narra, la repite, la enmienda, la borra. Elocuencia, eficacia, ladrar, callar: hay que exigir oratoria hasta a los animales dedicados al servicio de la ciudad. Un latín inmediato, elemental, instintivo, para los pormenores capaces de desencadenar o no sucesos excepcionales y a la vez generadores de excepciones definitivas y posiblemente catastróficas. No menos se debe exigir a los romanos. Sin esa *oratio*, sin esa *ratio*, sobrevendría el caos.

Que los perros enmudezcan y los gansos se comporten como perros. En *Pro Sexto Roscio Amerino* se evoca una metamorfosis para deplorar otra: demasiados hombres ladran en pleno día. Deberían, pues, cargar la cruz ignominiosa que impone la ley Remnia: llevar grabada en la frente la K de Kalumniator. Ni hienas, ni lobos, ni bárbaros que de tan sólo nombrarse ponen la carne de gallina. Los peores enemigos de Roma viven dentro, ya la han tomado: son los romanos mismos. El corazón de la ciudad está repleto de canes y kas. Seguramente el orador, al advertirlo, se daba cuenta de que ladraba en vano.

Caracas, 13 de noviembre 1992

Alter idem

1.

La letra de Rimbaud muestra cambios notables durante el apogeo de su amistad con Verlaine. Comparada con su escritura anterior, estos cambios revelan una mayor confianza en sí mismo, lo cual no resulta nada sorprendente, pues se trata del período de mayor creatividad y de su revolucionaria y ambiciosa poética, esbozada en las célebres cartas a Izambard y Demeny. La teoría del vidente, la alquimia del verbo, el desarreglo de los sentidos, lo han dotado de un poderoso instrumento de expresión, palpable no sólo en los poemas sino en los manuscritos. Una mano encantada –como acaso hubiera dicho Nerval– despliega una singular maestría al escribir tanto en su dinámica como en su mecánica. Pero estos cambios revelan también algo ciertamente extraño y sobrecogedor. El pleno dominio de sí coincide con una extraña desautorización: la escritura mimética, ajena. Yo es otro no sólo literal sino caligráficamente. El parecido entre su letra y la de Verlaine ha hecho difícil la identificación de los manuscritos. Muchos comentaristas, y hasta la propia hermana de Rimbaud, Isabelle, han supuesto como originales copias hechas por el amigo. La mayor parte de los manuscritos en la Colección Barthou –según Enid Starkie– se deben al autor de *Fiestas galantes*, no al de *Una temporada en el infierno*.

2.

La grafología confirma de manera insólita lo que resalta en la lectura. El joven Rimbaud se convierte mágicamente –alquímicamente —en aquello que sueña y en aquello que ama. Otra cosa, cualquier cosa menos ese adolescente atrapado en las pequeñas rutinas de Charleville y en las ruinas casi concentracionarias de la casa materna. A Charleville lo llamará Charlestown y a su madre la *mother*, como para alejarlos a través del extranjerismo exorcisante, sacudiéndoselos con el anglo como vade retro. El inglés clausura, obtura, sitia, aparta, acorrala, pone al margen de su borboteante francés lo innombrable. Pero a veces el inglés no basta. Apela entonces al latín burlesco y al entreverado coprológico: el gentilicio del terruño es *caropolmerdis*. «Quelle chierie! et quels monstres d'innocince —escribe a Delahaye en mayo del 73–, ces paysans. Il faut, le soir, faire deux lieux [sic], et plus, pour boire un peu. La *mother* m'a mis dans un triste trou. Je ne sais comment en sortir: j'en sortirai pourtant». Lo naciente contra lo nacido es capaz de hacer y deshacer hasta con una sola letra. «Thiers et Picard sont des Eros», según el *Canto de guerra parisiense*. Borra para escribir; calla una letra muda para anular a los *elocuentes* responsables de la desgracia de 1871: el jefe de gobierno que capituló con los prusianos y el ministro del interior que reprimió la insurrección de la Comuna de París. Con esa H mayúscula ausente que tiene forma de guillotina los enmudece doblemente: los satiriza, los decapita.

Esa H borrada reaparecerá como título en *Las iluminaciones* para enaltecer a una niña. No le queda grande a Hortense ni al poeta identificado con ella. Yo es naciente y creciente H de Hortense, oro tendido, tensado, que se debe buscar y hallar en el fondo de uno mismo. Las dos palabras finales del poema –«trouvez Hortense»– parecen el reto de un viejo alquimista. El oro está en Hortense y por palíndromo en trouvez: tro/ort. Troc, trueque, permuta: oro es buscarlo. El poeta es Hortense y ambos son oro. Fundido con aquello que recuerda o sueña, crea un horizonte posible para el terror y el éxtasis. En esa H de oro es borrosa la línea entre el mimetismo paralizante y la unión mística. Pero la «mecánica erótica» de H no es ajena a la dinámica espiritual del misticismo. Ser es metáfora: convertirse en otro, irse en otro, ser otro; y alquimia: transformarse en otro y en oro. Ser es entregarse al desarreglo de los sentidos o a la aún más extrema y regocijante noche del sentido: hacer del cuerpo una herramienta para liberarse de la moral pueblerina y petrificante o —más tajante, más definitivo— para liberarse del cuerpo mediante la fe. La *mother* lo ha metido en un poblacho que es un triste agujero. Se siente perdido: no hay salida y sin embargo —voluntarioso, salvaje— la encontrará. Del triste trou al trouvez Hortense el temple indómito y la pureza humillada cavan un túnel de feroces hachas mudas. Ser H, ser otro, ser oro: escaparse de una «cárcel oscura» a través del cuerpo o evadirse del cuerpo como «cárcel oscura». Sed de verdad y de absoluto. Sed de infinito. «Amado con amada —no es sacrilegio citar a San Juan de la Cruz—, Amada en el Amado transformada».

Hortense en *H*; el príncipe y también el genio en *Conte*; Rimbaud y Verlaine en *Vagabonds*: yo son muchos, todos: «Me transformé en una ópera fabulosa: vi que todos los seres tienen una fatalidad de dicha [...] Me pareció que a cada ser se le debían muchas *otras* vidas». Es inevitable recordar a Whitman. La empatía, la caridad que permite identificarse, hasta mimetizarse con el otro —el «lamentable hermano» de *Vagabonds* que remite al «hipócrita lector, mi semejante, mi hermano» de Baudelaire—, es característica de Whitman: «Askers embody themselves in me and I am embodied in them, / I project my hat, sit shame-faced, and beg». O «I do not ask the wounded person how he feels, / I myself become the wounded person». Un proceso especular, narcisista, deviene metabolizante: el yo reflejado se transforma. Es así capaz de otras vidas, múltiples, simultáneas, fundidas en ese magma colectivo que es el yo átomo y cosmos, multitudinario y único, integral y esencial: «And these tend toward me, and I tend toward them, / And such as it is to be of these more or less I am, / And of these one and all I weave the song of myself». Las diferencias, sin embargo, son notables. La voluntad del norteamericano es encarnar a Estados Unidos: «America isolated yet embodying all, what is it finally except myself? / These States, what are they except myself?». Su poesía aspira a ser, como un coro, la voz unánime de la nación; como en el propio congreso bicameral, en ella se representa al pueblo, que en cada verso permanentemente proclama sus valores, afirma su ser, lo debate, crece. La voluntad del francés es otra. No pretende encarnar sino encarar a la madre patria, la marcial y muy marsellesa *mother* en estado de guerra: «¡mi patria se levanta!», le escribe a Izambard el 25 de agosto de 1870, «Yo prefiero verla sentada». Quiere renunciar en francés al francés, a Francia, a Charleville, a sus costumbres, a su cultura, a su gentilicio, hasta a sus cromosomas. El salto de primera a tercera persona no busca un yo profundo, único: ese singular *Me myself* que abarca a la totalidad y a la jubilosa suma de cada una de las partes, sino su disolución, su negación, su reverso, su alteridad. Al decir «yo es otro» su acento no recae en yo –como en el caso de Whitman– sino en otro. No escribe para su raza sino para arrasarla. Para devolver su sangre al padre ausente y a la omnipresente *mother*; para regresar del francés al latín y del latín al aullido de un lobo y del aullido al silencio. Ya no sé hablar, quisiera callar, dice. Es palpable el afán de desintegrarse, desincorporarse, pasando como por un impulso tanático de lo orgánico a lo inorgánico: «Si es que algún gusto me queda / es por la tierra y las piedras. / Me desayuno con viento, / peñascos, carbones, hierro». No es la esponja que absorbe y se colma, como Whitman; sino la que se vacía hasta el colmo de desmembrarse, expulsando con los más diversos contenidos su propia masa elástica llena de agujeros, su esqueleto mañoso y córneo[1].

---

[1] El culto a lo moderno es otro punto de convergencia entre Whitman y Rimbaud. *Una temporada en el infierno* termina con un llamado cuya vigencia sólo se pone de manifiesto en las vanguardias del siglo xx. En el

Más allá del mito de Narciso, la mitosis: partir de cero, crearse a sí mismo, hacerse borrándose a imagen y semejanza del bestia, del negro, del ninguneado. Ironía: se suicida para ser otro

período que va del dadaísmo al surrealismo, más que vigencia, esa proclama tuvo virulencia. El «Il faut être absolument moderne» de Rimbaud, que recogía el «trouver de nouveau» de Baudelaire, llevó al paroxismo desenfadado de Marinetti: «Un automóvil de carreras es más bello que la Victoria de Samotracia». *Leaves of Grass* comienza afincándose en lo moderno: «The Modern Man I sing», exclama Whitman con orgullosas mayúsculas en «One's-Self I Sing», el primer poema de la edición definitiva, de 1891-1892. Curiosamente esos dos años también fueron definitivos en la vida de ambos poetas: Rimbaud muere en el 91, Whitman en el 92. La nueva poesía en inglés y en francés les debe mucho. En 1871 tanto Whitman como Rimbaud fijan la doctrina que la ampara: *Democratic Vistas* y *Lettre du Voyant*. Sin embargo inicialmente ambos corrieron pareja y nula suerte: pasaron desapercibidos. La primera edición de *Leaves of Grass* fue prácticamente ignorada. Lo mismo sucedió con *Una temporada en el infierno*. «Mine is the word of the modern», insiste el norteamericano. «To formulate the Modern [...] To limn with absolute faith the mighty living present». La palabra es unánime, como tal vez hubiera dicho Borges. Tiene, sin embargo, un sabor diferente. En Whitman se identifica con lo actual, ese «mighty living present». Y lo actual, para él, es la pujante democracia norteamericana: «All for the modern –all for the average man of today». Ese hombre promedio era despreciable para el joven francés. Whitman vive en una sociedad que se transforma; la Guerra Civil que se extendió de 1861 a 1865 así lo demuestra. Rimbaud, en cambio, siente que vive en una sociedad –una suciedad– estancada; la Guerra franco-prusiana de 1870 a 1871 y el episodio de la Comuna de París son las cartas que puede mostrar. No había Lincoln en Francia sino héroes sin hache como Thiers y Picard. De ahí sin duda que para él lo moderno sea algo mucho más dinámico que lo actual. El término, en su caso, tiene un acento violento, feroz. Significa un rechazo al presente carente de imaginación, cómodo y caduco. Es una bandera de ruptura.

y luego asesina a ese otro. ¿Se asesina? ¿Se vuelve a suicidar? El Rimbaud que se proclamó yo es otro se convirtió luego en otro Rimbaud. Cansado –hastiado– de ser único, volvió a ser uno más. En sus últimos años, pareciera, estuvo a la sombra de Benjamin Franklyn, no de Charles Baudelaire. De la «alquimia del verbo» a la «química sin valor», del ajenjo y el vino a la abstinencia, de la bohemia al ahorro de francos y sous: yo es otro es yo otra vez. Pero quedan –eléctrica, a veces escalofriante– su nada turística guía del infierno, sus iluminaciones, su ejemplo. Rimbaud siempre quiso pero nunca pudo dejar de ser Rimbaud.

3.

>El rugir del león, del lobo fiero
>El temeroso aullido, el silbo horrendo
>De escamosa serpiente, el espantable
>Baladro de algún monstruo, el agorero
>Graznar de la corneja, y el estruendo
>Del viento contrastado en mar instable;
>Del ya vencido toro el implacable
>Bramido, y de la viuda tortolilla
>El sensible arrullar; el triste canto
>Del envidiado buho, con el llanto
>De toda la infernal negra cuadrilla,
>Salgan con la doliente ánima fuera,
>Mezclados en un son, de tal manera,
>Que se confundan los sentidos todos,
>Pues la pena cruel que en mí se halla
>Para cantalla pide nuevos modos.

Sólo le faltan veinte poemas de amor a esta *canción desesperada* –así la define su autor– para que el difunto pastor Grisóstomo le dispute a Neruda la más popular de sus obras. Pero basta un verso para que adquiera cierto relieve en la tradición de lo moderno:

«Que se confundan los sentidos todos». Tomamos estos dieciséis versos del Capítulo XIV de la primera parte del *Quijote* como muestra de un anacrónico manifiesto simbolista. La anacronía como presagio que se cumple al pie de la letra: «El poeta se hace *vidente* por un largo, inmenso y razonado desarreglo de *todos los sentidos*», escribirá Rimbaud con cursivas unos dos siglos y medio después. «Todas las formas de amor, de sufrimiento, de locura; él busca por sí mismo, agota en sí todos los venenos para no guardar de ellos sino las quintaesencias. Inefable tortura para la que se tiene necesidad de toda la fe, de toda la fuerza sobrehumana, en la que él llega a ser entre todos el gran enfermo, el gran criminal, el gran maldito –¡y el supremo Sabio!». Y si el pobre Grisóstomo pide «nuevos modos» para expresar su «pena cruel», el «enloquecido» Rimbaud –el término, suyo, aparece casi simultáneamente con «Sabio»– exige otro tanto: «Exigiremos al poeta algo nuevo». ¿Cúya es la voz y cúyo el eco? ¿Cuál texto es original? ¿cuál copia? ¿y qué importa? Median exactamente doscientos sesenta y seis años entre la edición príncipe del *Quijote* y la también célebre *Carta del vidente*. ¿Quién se atrevería a negarle al «enloquecido» adolescente francés el llamado al «desarreglo de los sentidos»? ¿Pero cómo negárselo al joven y también enloquecido Grisóstomo o a ese entonces ya viejo inventor de locuras y locos maravillosos que escribió el *Quijote*? El tiempo es una ilusión y la novedad, vanidad de vanidades, sólo sirve para refutarlo. La arqueología –literaria en este caso– apunta siempre a un remoto futuro pluscuamperfecto: lo inminente. El hombre es uno.

   El camino a lo desconocido está repleto de buenas intenciones. Los riesgos son enormes. Baudelaire lo había advertido: so pena de degradación y muerte intelectual, al hombre le está prohibido «desarreglar las condiciones primordiales de su existencia y romper el equilibrio de sus facultades». La sinestesia que permite identificar ciertos colores con determinados sonidos, por ejemplo, puede ocasionar peligrosas alteraciones del sistema nervioso, sobre todo cuando está asociada a estados de alucinación y al consumo de drogas. Es frecuente entonces que las sensaciones de luz sean estimuladas por impresiones auditivas. O viceversa. Las sensaciones se confunden porque también se confunden la retina y el tímpano. De súbito el ojo es tan cretense como el oído. Las espirales de la cóclea convergen en la pupila. Suena la luz, el mugido de una vaca es más verde que la yerba o que la U. En pro de un 'conocimiento total', particularmente de sí mismo, el poeta se arriesga –por amor, sufrimiento, locura– a entrar en esos laberintos y espirales sin salida. «Se trata –asegura Rimbaud– de hacer al alma monstruosa». Hay que descender al infierno y regresar purificado como un niño, con emociones intensas y sensaciones no diluidas por los códigos de la razón o la rutina. Por eso a veces siente que ya no puede hablar. «Vamos hacia el *Espíritu*», anuncia. «Es muy cierto, palabra de oráculo, lo que digo. Comprendo, y como no sé explicarme sin palabras paganas, quisiera callar». Una y otra vez lo reitera: «Ya ni siquiera sé hablar». «Ya no sé hablar». «No más palabras». Hay quienes enloquecen al entrar al infierno o al sueño o a una gota de agua. Otros al salir. Raras veces nos llegan noticias de las nubes o las llamas. Menos aún del umbral entre lo profano y lo sagrado. El lenguaje entonces puede ser tan complicado como Babel o tan sencillo como la «música callada» de San Juan de la Cruz. Perder la lengua como un niño o soltarla a la velocidad de la luz como un behique o decir palabras vivas en lenguas muertas –que no otra cosa es la poesía– son indicios de ese umbral. Quien entre, o salga, o se quede atrapado en él, tendrá que aprovechar la sintaxis de los sueños para expresarse. Jonás en la ballena del lenguaje lo sabe perfectamente. También Orfeo. Y Teseo. Y Dante. Y tú mismo, si logras recordar cuando conocías la o por lo redondo.

4.

Alma y cuerpo, psique y soma, alterada la mecánica de su conjunción, se entregan a otra dinámica, audaz, vertiginosa, volcada a lo desconocido. Una fisiología de la sombra. Entonces otra transformación se hace imprescindible: la del lenguaje. La expresión yo es otro de por sí evidencia la maleabilidad necesaria para trasuntar la metáfora que se vive. De repente uno es crisálida, padece una metamorfosis, zumba como abeja entre dos pétalos o se posa como mosca sobre un cadáver putrefacto. Ocelo, trompa, ala; ver por un instante la supuesta realidad en blanco y negro, chuparla hasta el coágulo, volar entre manotazos; toda la red capilar que enlaza al ser con el mundo –alterada, inefable, ommatidia– genera un código negro de seis patas, par de antenas y aguijón. Una sintaxis cerosa, prismática, hexagonal, de líneas himenópteras, concordancias artrópodas, conjugaciones coleopterizadas, dípteras adjetivaciones, étimos de maxilulas, quitina o miel. Rimbaud le puso nombre y apellido a este proceso: alquimia del verbo.

Alquimia significa transmutación. La palabra en sí es el resultado de una mutación. Se mencionan dos posibles raíces. Una del egipcio «khem», tierra negra y por extensión vida: tierra fertilizada por el Nilo; y otra del griego «chemeia» –aunque la ignorancia, siempre osada, me sugiere un vínculo quizá minoico entre 'khem' y 'chemeia'. En todo caso, con una de ellas o la síntesis conjetural, los árabes llegaron a Al Kimiya y así a nuestra alquimia: transmutación de la materia que por rigurosas etapas se putrifica y se purifica. Metamorfosis del metal en el crisol que es crisálida; metamorfosis del yo en el verbo que lo tuerce al multiplicarlo por otro; metamorfosis del lenguaje que se desliza hacia el aullido o el milagro del poema.

En *Una temporada en el infierno* figuran dos *Delirios*. En el segundo, titulado precisamente *Alquimia del verbo*, Rimbaud alude a un soneto suyo, *Vocales*. «¡Inventaba el color de las vocales! –A negra, E blanca, I roja, O azul, U verde. Regía la forma, el movimiento de cada consonante, y, con ritmos instintivos, me jactaba de inventar un verbo poético accesible un día u otro, a todos los sentidos». Evidente la huella de Baudelaire, tanto en la «correspondencia» de consonantes (movimiento, onda, sonido) y vocales (colores) como en la aspiración, agenciada por «ritmos instintivos», a una fusión de las artes capaz de provocar una panestesia. Ecos, espejos: la alusión a *Vocales* en *Alquimia del verbo* es una imagen invertida del propio soneto, cuyo primer terceto culmina en la «paz de las arrugas / Que la alquimia imprime en las grandes frentes estudiosas». Una de esas frentes estudiosas, aunque todavía no arrugada, es la del propio Rimbaud, voraz lector de textos de magia, cábala y alquimia: Philalète, Paracelso, Pico della Mirandola, Reuchlin, Boehme, Swedenborg, Lévi. Es posible que *Vocales* no sea la evocación del cuaderno donde aprendió el alfabeto sino —además— la síntesis rimada en catorce versos de algún denso tratado de alquimia. Mucho se ha escrito acerca del proceso alquímico y la secuencia cromática de las vocales. La A negra, por ejemplo, corresponde al color característico de los primeros dos de los siete procesos comprometidos en la elaboración del oro: la calcinación y la putrefacción. O sea, la *nigredo*, primera de tres etapas sucesivas: *nigredo, albedo, rubedo*.

Calcinación, putrefacción, A negra, nigredo, insinuaciones del infierno. «Soy una bestia, un negro. Pero puedo ser salvado. Vosotros sois falsos negros, sois maniáticos, feroces, avaros. Comerciante, eres negro; magistrado, eres negro; general, eres negro; emperador, vieja comezón, eres negro». En *Mala sangre* todos se calcinan y se pudren pero uno —sólo uno: él— logrará la salvación, padeciendo progresivas transmutaciones. Habla el plomo que se transforma, la metáfora hirviente, el metal yo es otro que aspira a convertirse en yo es oro. «Haré oro», asegura en *Noche del infierno*. Lo hará en *H* de Hortense. Lo hará luego, vencido, fracasado, en contantes y sonantes luises. Avaro como los falsos negros, avaro como los comerciantes, dedicará sus últimos años al ahorro con el mismo fanatismo con que buscó el huidizo oro de la alquimia. En una carta de ex vidente, o de invidente –nada menos que a la *mother*–, soñó un hijo ingeniero que llegara a ser hombre rico y poderoso. Un falso negro. Y en su lecho de muerte, cuando el doctor Beaudier le habló de su poesía, con un gesto de disgusto invirtió la alquimia: «Il s'agit bien de tout cela. Merde pour la poésie». La mala sangre se había impuesto.

Veinte años no es nada, según el tango. Veamos. En 1871 un adolescente de Charleville parece adivinar el poema inconcluso que Baudelaire pensaba incluir en una segunda versión de *Les Fleurs du Mal*, y que sólo sería publicado póstumamente en 1887. Frente a las miserias y los vicios de París, el maldito encara a la ciudad que ama: «j'ai fait mon devoir / comme un parfait chimiste et comme une âme sainte. // Car j'ai de chaque chose extrait la quintaessence, // Tu m'as donné ta boue et j'en ai fait de l'or». ¿Habrá que recordar la carta del 15 de mayo del 71: «El poeta se hace *vidente* por un largo, inmenso y razonado desarreglo de *todos los sentidos*. Todas las formas de amor, de sufrimiento, de locura; él busca por sí mismo, agota en sí todos los venenos para no guardar de ellos sino las quintaesencias»? ¿O la noche infernal de 1873: «Haré oro»? Extraños ecos y sombras a golpe de guitarra y bandoneón. Para 1891 la transformación ha invertido radicalmente los signos, convirtiéndose en destrucción, degradación, catabolismo: mierda a la poesía. Inestable vaivén de los extremos. Porquería y oro, como los colores y sonidos en las correspondencias, se confunden. Lo había advertido Hugo en un capítulo de *Los miserables*, «El intestino del Leviatán»: «Una gran ciudad – París, por supuesto– es un poderoso estercolero. Usar a la ciudad para enriquecer al campo sería un éxito seguro. Si nuestro oro es inmundicia, también nuestra inmundicia es oro».

«¡Cómo se ha oscurecido el oro!», reza el Viejo Testamento, «¡Cómo el buen oro se ha demudado!» (Lamentaciones 4, 1). Alquimia invertida: ha vuelto a ser plomo, fango, mierda, trapo de menstruo que hay que apartar (Isaías 30, 22). Al cabo de medio siglo, en 1947, desde el infierno irreversible de la locura Antonin Artaud resume tajantemente la amargura de esta desastrosa inversión: «Mierda al espíritu». ¿Será por eso que alguien ha intuido –Art(hur Rimb)aud– una cábala en los nombres? El «j'en ai fait de l'or» de Baudelor resuena en el «je ferai de l'or» de Rimbor y –casi inaudible– en la Orídice de Orfeo. Tras haberse sometido con entusiasmo a la calcinación y a la putrefacción, a la *nigredo* y el Tártaro, el orfebre pierde el metal y de paso la cabeza. De ahí la exasperación de Ortaud. Queda el tango, por supuesto. Yo será otro siempre.

5.

«Pocos escritores como él –dice Yves Bonnefoy en *Rimbaud por sí mismo*– han estado tan apasionados por conocerse, por definirse, por querer transformarse y volverse otro hombre mediante el conocimiento de sí». Es cierto. Y muy pocos se han borrado con tan apasionado desdén. Ni siquiera sabía que *Iluminaciones* se iba a editar en París. No se había ido a Abisinia, donde estaba en 1886, fecha de la publicación, para que lo extrañaran sino para extrañarse de la Ciudad de las Luces y del mundo de las letras, entre ellas sus coloreadas y ahora célebres vocales. Villon, otro poeta escandaloso, también había desaparecido de París. Pero por el decreto de destierro del 3 de enero de 1463. Aquel primer maldito fue expulsado, y muy probablemente visado para el más allá por unas puñaladas, dejando además tremendos *Testamentos*. Rimbaud no dejó nada. No quiso saber nada de sus libros. Los borró, se borró. Se desautorizó de raíz. No contestó cuando el editor Vanier escribió pidiendo información, poemas. *Las iluminaciones* apareció como obra «Del difunto Arthur Rimbaud». Al enterarse de la publicación ni siquiera se molestó en ver la edición. Un detalle particularmente dicente: la autoría le hubiera aportado unos cuantos sous, quizá hasta algunos francos y luises de oro, cuando el ahorro era su única inspiración. No la reclamó. Como si aquello nada tuviera que ver con él sino con alguien que él había sido y luego olvidado, muerto y sepultado. «¿Quieren que desaparezca? ¿Quieren?», preguntaba como mago en un reto de *Noche del infierno*. Lo hizo como fantasma –o suicida– en plena luz. Al final de ese mismo nocturno perturbador define con toda exactitud su ausencia: «Estoy oculto y no lo estoy».

En el joven Rimbaud hasta la depravación era doctrinaria, un camino tortuoso pero profundamente espiritual, de fines religiosos, paralelo a otro también poco transitado, el de la virtud. Starkie ha entrevisto un «ascetismo invertido». De ahí que el sacrificio, la tortura, la ignominia, palpables en sus poemas, fueran inseparables de un estado de exaltación y una fe desmesurada en sí mismo, en la pureza que elaboraba partiendo de los metales más viles, como aquel fango redimido por Baudelaire. Degradándose, acostándose en la mierda, como decía, pretendía pasar de lo profano a lo sagrado, recorriendo los entresijos de lo abyecto para remontar espirales de paz y gozos extáticos, sublimes. Pues según este raro adolescente de Charleville el poeta es un hierofante: revela lo sagrado. Todo apunta hacia eso: el ajenjo, las alucinaciones, Verlaine. Debe hacerse vidente para ser testigo –mártir– de lo sagrado y relatar lo que ve. La poesía como historia sin ocultamiento: no velada. Recorrerá el Infierno como Dante pero no llegará al Cielo. Asqueado, hastiado, vencido, se refugia en la amurallada Harar, para dedicarse fanáticamente al sou como suprema y acaso única deidad.

«¿Quieren que desaparezca, que me zambulla en busca del *anillo?* ¿Quieren?» –eso en 1873. Entonces no espera por una respuesta. Está –cree estar– en pleno dominio de sí. El suyo es un poder sobrehumano. Lo que sigue ya lo hemos citado pero sólo fragmentariamente. La mitad bastaba para tocar el tema de la alquimia. Necesitamos ahora la otra mitad. «Haré oro, remedios. Confiad por lo tanto en mí, la fe consuela, guía, cura. Venid todos –también los niños– para que os consuele, para que uno prodigue entre vosotros su corazón –¡el corazón maravilloso!– ¡Trabajadores, pobres seres! No pido plegarias, tan sólo con vuestra confianza seré feliz». Parece un Cristo buscando la cercanía de los niños. Pero es un Cristo entreverado con Mitra, Zaratustra y el diablo mismo. Una rara aleación de oro, plomo y azufre. Un mago callejero, un curandero, un predicador de pacotilla convocando a un público incauto. En realidad es otra cosa. Algo mucho más raro. Se trata de un chamán.

En el centro a la vez geométrico y vertiginoso de su inconsciente, de su razón francesa y gala y cartesiana a la deriva, Rimbaud intuye la figura del chamán. Showman, chamán él mismo, se entrega sin tribu, sin iniciación, sin aprendizaje, a una práctica arcaica que desconoce, aferrándose apenas a algunas herramientas del oficio: el desarreglo de los sentidos, las alucinaciones, el trance o lo que dentro del canon al que pertenecen sus escritos –pero sólo sus escritos– se llamaría la inspiración, los viajes de ida y vuelta de la realidad ordinaria a la otra realidad, viajes de ida y vuelta a eso que él llamó el infierno y que era también la muerte misma. Quizá confundió los fines con los medios y los remedios con la enfermedad. Pero sus transformaciones, su yo es otro, su yo es hiena o lobo o paurometábolo de ventrículo quilífico, pronoto, labro, cocotiloidea y prosternón atestiguan que llegó muy lejos, que se acercó demasiado a sí mismo y a todos nosotros.

El chamán eslabona lo profano y lo sagrado, vida y muerte, lo de arriba y lo de abajo, lo real y lo irreal, lo conocido y lo desconocido. Es un puente tendido entre la naturaleza y el hombre. Su figura no debe ser confundida con otras, quizá afines pero no asimilables, como la del brujo; pues el chamanismo es un sistema muy coherente de creencias y prácticas religiosas. La antropología y la arqueología aportan datos que permiten emparentar la figura del alquimista esbozada por Rimbaud –y al poeta mismo– con la del chamán americano. Lo que empieza a configurarse en las cartas de mayo de 1871 se aparta por exceso del alquimista medieval. Ese yo otro no sólo hará oro sino remedios, trabajará el metal transformándose a sí mismo por un desorden tanto fisiológico como moral que implica el consumo de drogas y alucinógenos, lo cual le permitirá asumir o crear diversas formas vegetales, animales, hasta inorgánicas: «He tratado de inventar nuevas flores, nuevos astros, nuevas carnes, nuevos idiomas». Ser cualquier cosa o desaparecer, extremos que se tocan a través de una red capilar que todo lo abarca, lo contrae, lo transfigura. Metamorfosis de formas vivas y de las formas que las albergan. Arquitecto de vacíos, redescubre los espacios y los reconstruye como si los viera con el laberinto del oído para describirlos como nubes, cambiantes, hechizados: «veía con toda nitidez una mezquita en lugar de una fábrica, una escuela de tambores erigidas por ángeles, calesas por las rutas del cielo, un salón en el fondo de un lago[2]».

---

[2] Alucinaciones similares son características del trance chamánico y muy particularmente del «vuelo chamánico». Estudios como los de Gordon Wasson y Furst han revelado las antiguas raíces de este fenómeno en América. La arqueología y la antropología, reflejándose recíprocamente, demuestran la vigencia de las culturas precolombinas en creencias y prácticas contemporáneas. Entre los kogi, quienes conservan muchos vestigios de los taironas, sus antecesores, el consumo de alucinógenos es un puente hacia el pasado remoto. Durante ese viaje a la semilla se suscitan alusiones a la orfebrería y visiones del oro: «Es entonces cuando comienza a brillar el oro», dicen los indios. «Se ven brillar los colmillos de oro de las máscaras, los brazaletes, los pendientes». Aparecen como en un espejo en la cadena de la tradición; son –vuelven a ser– los desaparecidos señores del oro. «A veces bailo como tigre; doy zarpazos en el aire, así. Otras veces bailo como cangrejo. Digo en voz alta los nombres de los grandes mámas de tiempos

La síntesis de alquimista y chamán asoma como una figura extraña, híbrida y algo monstruosa, que mejor pudiera comprenderse a la luz de una metamorfosis. Hará oro pero también remedios. Transformará la materia pero también el lenguaje, el espacio y el tiempo. Y a sí mismo. En alucinaciones frecuentemente tiene vislumbres del metal: «Llorando, veía oro —y no pude beber». «Por

---

antiguos». Al convocar a los ancestros el kogi es tairona otra vez. De repente está cubierto de metal: «Tengo cascabeles. Cuando bailo así, el oro santo brilla y veo mi sombra enorme pasar por las paredes. Así bailaban los antiguos; con el oro, el oro santo». Quienes en el pasado se cubrían de oro al bailar habían hecho esos brazaletes y cascabeles. Estas citas provienen de *Orfebrería y chamanismo* de Gerardo Reichel-Dolmatoff, útil para comprender mejor la figura del alquimista en Rimbaud. Al estudiar la orfebrería precolombina de Colombia, muy afín a la de Centroamérica, particularmente la de Panamá y Costa Rica, Reichel-Dolmatoff ha demostrado que muchas piezas representan el vuelo chamánico o al propio chamán. Otras muestran utensilios asociados a los rituales o al consumo de alucinógenos; figuran asimismo los animales que simbolizan los poderes chamánicos y que a veces adquieren el carácter de alter ego. En el vuelo extático se cifra el concepto de transformación; los animales representados suelen ser aquellos que padecen una metamorfosis —batracios y mariposas, por ejemplo— o los que, como las culebras y los cangrejos, cambian de piel. A quien sacraliza lo profano le corresponde exclusivamente llevar el metal a sus diversas formas, pues todas —animales, objetos— nacen de mitos, ritos y creencias muy arraigados en la tradición tribal, que él encarna y transmite. Además, y esto es fundamental, porque el Ovidio que cuenta y plasma estos cambios tiene que ser una metáfora viviente, para reflejar sus mutaciones en el metal. Sólo quien se transforma transforma al oro. Sólo él —alquimista radical— puede hacerlo. Una prueba fehaciente de ello es que no se utilizaban fuelles sino largos sopletes de cerámica para lograr las altas temperaturas necesarias. No se trata de una carencia tecnológica. La razón es otra, mágica como todo lo demás. La fundición y la artesanía exigen el aliento del chamán. A medida y en la medida que él se transforma, transforma al metal: si tiene cola, fuertes garras y la piel manchada, el oro rugirá; si pierde la cola y las garras en el agua para defenderse con una piel lisa y venenosa, el oro croará.

encima de mí, un enorme navío de oro agita sus pabellones multicolores en las brisas de la mañana». Como Hugo y Baudelaire, reconoce tesoros en lo sucio: «En las ciudades el fango me parecía de pronto rojo y negro como un espejo cuando la lámpara se mueve en la habitación vecina, ¡como un tesoro en el bosque! Buena suerte exclamaba, y veía un mar de llamas y de humo en el cielo; y, a derecha e izquierda, todas las riquezas que ardían en miríadas de rayos». El fango se descompone en colores. El rojo despertado por el brillo y el movimiento de una lámpara anuncia lo solar, oro en el fango rojo cuyos destellos tornasolados prefiguran llamas, riquezas que arden, rayos. La descomposición de la luz y las imágenes multicolores de quien «había sido condenado por el arco iris» son indicios cromáticos de transformación. Insinúan, además, que al vidente —prismático— lo atraviesa la luz, que él mismo es luz, oro: «En fin, ¡oh dicha! ¡oh razón!, aparté del cielo el azul, que es negro, y viví, chispa de oro de la luz *naturaleza*». Imagen apolínea que inmediatamente asume la forma inversa, dionisíaca: «De alegría, adoptaba la más bufonesca y extraviada expresión posible». Una imagen más extrema, como convulsionada, de lo apolíneo confundido con lo dionisíaco, de esa misma *Alquimia del verbo*: «¡Oh, la mosca ebria en el meadero de la posada, enamorada de la borraja, y a la que un rayo disuelve». El oro pasa del cielo al fango y al orine. El alquimista al fin puede beber el metal. La transformación lo muestra como insecto, específicamente un díptero, cuya existencia misma está signada por la metamorfosis.

En los tres procesos de transformación señalados —alquimia, orfebrería, metamorfosis— aparece el oro. Es la meta del alquimista, el punto de partida del artesano y rasgo característico de una fase intermedia en el desarrollo: la crisálida o ninfa de los lepidópteros. Las ninfas que no hacen capullo presentan manchas doradas y plateadas que explican el nombre: del griego *khrysallís*, derivado de *khrysós*, «oro». El vuelo chamánico y el vuelo de la imaginación, específicamente en el caso de los poetas la inspiración, son representados por imágenes aladas. Ejemplos del primero en el arte precolombino: las placas líticas aladas o «murciélagos» del Occidente de Venezuela, la costa norte y la Sierra de Santa Marta en Colombia –la zona tairona– y América Central; y las llamadas «águilas de oro» ampliamente reseñadas por Reichel-Dolmatoff. En cuanto al segundo, basta recordar la imagen originaria del poeta alado recogida en el *Ion*. Como los coribantes al bailar ebrios en sus fiestas, dice Sócrates, al componer los poetas están fuera de sí, inspirados, poseídos. Sacan sus cantos de fuentes melosas, los extraen de los jardines de las musas, revoloteando de flor en flor como las abejas. Pues el poeta –por definición platónica– es ligero, alado, divino, y no inventa sino cuando le llega la inspiración y lo enloquece. La imagen, vale la pena subrayarlo, no es la de un ruiseñor o un canario sino la de un insecto. Ligero, alado, divino, pero también disminuido, acaso degradado: abeja, no pájaro; zumbido, no gorjeo. Rimbaud, cuyo desarreglo de los sentidos no es sino una puesta al día del *Ion*, intensifica la degradación seguramente para ajustarla a su infernal experiencia: la mosca ebria en el meadero. Ni musas, ni crisoles, ni textos herméticos, ni oro de alquimia, ni néctar de flores: orine de borrachos. Mosca y orine sustituyen al barco ebrio y la charca negra de la infancia. El cambio es ominoso: la inocencia del niño evocado en *El barco ebrio* se ha perdido. Pero como eslabón entre lo ingenuo y lo envilecido queda la imagen del insecto. *Psykhé,* alma, alas sugeridas por las velas desplegadas del barquito de papel: «un barco frágil como mariposa de mayo». Para aludir al cambio padecido durante la inspiración, se atraviesa con un alfiler la imagen alada, símbolo que evita fatigosas explicaciones. Yo es otro sabe a crisálida y metamorfosis. Zumba, pica, molesta.

6.

Los mitos se traban en el cielo de la boca. Orfeo construye la Torre de Babel, la suya propia, al deslastrarse del retintín y la rutina que ya no permiten expresar sino mentiras y simplezas, para inventar una lengua fresca y universal, un latín al rojo vivo, vivísimo, con palabras alucinadas. «Encontrar una lengua. Por lo demás –reza la *Carta del vidente*–, siendo idea toda palabra ¡llegará el tiempo de un lenguaje universal! Se necesita ser académico –más muerto que un fósil– para contemplar un diccionario de cualquier lengua que sea. ¡Los débiles se pondrán a *pensar* sobre la primera letra del alfabeto, y echarán a rodar hacia la locura!». Él era fuerte entonces, capaz de partir de cero al recrear su propia lengua y darle un beso francés a las otras, pasadas, presentes y futuras; pensando no sólo acerca de una negra a y un alfa retinto y un aleph de puro ébano, sino en todas las vocales corintias y dóricas, y en las escalonadas consonantes de Kukulkán, las de oscuros túneles cretenses, zigzagueantes y repetidas para un apetito monstruoso, ces abiertas ventanas y emes oleajes y orugas, tes para sostener el cielo o crucificarlo; todo, absolutamente todo resumido en lo que llamaba «una arenga del alma para el alma». Eslabonada sintaxis sin fin de pensamiento enganchando y atrayendo pensamiento para definir en números lo desconocido. Al fracasar en el empeño cainita y fáustico como poeta, no abandonó la esperanza de un nuevo Pentecostés como traficante de armas y esclavos, aprovechando su enorme facilidad para el aprendizaje de idiomas: estudió árabe, hindustani, ruso. Dada su creciente pasión por las cifras, en la nueva zigurat llegó a mascullar la lengua de abstracciones infinitas. Luego abandonó también las matemáticas por la acción, agotadora canción sin palabras.

En *El tiempo de los asesinos*, ese estudio sobre Rimbaud que es una autobiografía oblicua, Henry Miller suple con su experiencia de maldito lo que le pudiera faltar de erudición. En lo fundamental resulta más útil que los críticos: la bohemia en este caso es la mejor academia. Una observación refiere la disolución del yo por multiplicación. Imposibilitado o incapaz de ser su propia primera persona, Rimbaud puede convertirse en una infinidad de personalidades: «una ópera fabulosa». La cantidad de oficios reales o imaginados corrobora la tesis de Miller y paralelamente al babelismo. Payaso, comerciante, mendigo, artista, fotógrafo, bandido, marinero, soldado, sacerdote, alquimista, cartógrafo, constructor. El poema imposible, el oro imposible, el lenguaje imposible, el yo imposible, es otro, otros, amontonados hasta desafiar las alturas, sólo para desmoronarse como ruinas o ser engavetados en el olvido.

Las aventuras del yo errante no se limitan, pues, al ámbito geográfico, histórico o psicológico. En su peregrinaje recorre muchos idiomas. Viajes en el espacio y el tiempo que le permiten ser arqueólogo y explorador. Salta de Charleville al norte de Europa o al norte de África; es galo pero también absolutamente moderno; es otro al conjugarse como tercera persona en el apoltronado verbo del Segundo Imperio —de yo napoleónico y tercero y si no de primera sí sobrino de primero— pero también al estrenarse en lenguas ajenas, mimético y machacón. Al francés, cuyo velamen manejaba de lo raciniano a la germanía y el argot, suma ancla en latín, brújulas en inglés y alemán, hindustani a babor y árabe a estribor. Si consideraba a *Los miserables* un poema, esa opinión sin duda pesaba capítulos como *Argot* y *Aventuras de la letra U*. Si Hugo había descendido a los bajos fondos del lenguaje y de la ciudad, al recorrer su infierno él no rehuiría palabrotas ni una sintaxis sigmoidea. Si Hugo se había apoyado en el alfabeto para describir el laberíntico colon de París —las cloacas son un caos de letras: zigzag tras zigzag de zetas, bifurcaciones en i griega y te, oscuras todas, y asquerosas[3]–, él haría del infierno un lenguaje alucinante. Ante

---

[3] El uso del alfabeto en la descripción de alcantarillas y cloacas se había generalizado mucho antes de 1863, fecha de publicación de *Los miserables*.

modelos que suscitaban admiración o desprecio, agotaría un vasto registro de acercamientos, de la dócil imitación escolar a la parodia socarrona, pasando por la caricatura y otras deformaciones. Imita a Banville, luego lo parodia. En carta del 5 de marzo del 75 se burla del acento de sus alumnos: «dont j'en vite un ferre en vâce des gôdeaux gui l'onh fu naîdre, à ta sandé imperbédueuse». En una

---

A principios del siglo XIX, fray Servando Teresa de Mier –cuyo nombre tanto afeaban con un par de letras– advierte un notable progreso en la vida madrileña. Lo hace en términos que con paralelo desprecio resonarán un siglo después en *España no existe* de Alberto Hidalgo: «Al fin se hizo en cada casa una secreta de un agujero, que llaman Y griega. Está en la cocina, y sirve para derramar allí los bacines, porque nadie puede sentarse; siempre está mojada de las aguas de la cocina, que echan por allí. Todos los conductos de las YY griegas van a un depósito. Este lo limpian los gallegos, cada uno o dos meses, por la noche, que no dejan dormir a nadie, y es tal la peste durante ocho días que muchos enferman». Hugo fue el primero en mostrar detenidamente las tripas de París. Pero las tripas jugaban un papel importante en un espectáculo parisino hacia 1800. Se había puesto de moda un macabro circo, cuyo atractivo, aparentemente científico, parodiaba los teatros de anatomía. «Estaba recién descubierto el galvanismo o electricidad animal, cuyos nervios, en tocándolos a un tiempo con dos metales, hacen saltar a un animal muerto y mover con rapidez sus miembros. Un hombre muerto abre los ojos, y lo he visto mover los brazos y estar con ellos sacándose las tripas, porque el cuerpo estaba abierto». El payaso es un cadáver; está disfrazado en sus propias vísceras; y se las saca ceremoniosamente –el gesto debió haber sido algo napoleónico, casi de samurai en *seppuku*– para provocar seguras carcajadas. La mirada goyesca de fray Servando sugiere que existía cierta nostalgia del terror revolucionario. Francia había dosificado el plomo de la razón con el exagerado alivio de la guillotina. No hay que olvidar que el abuso ya que no la invención de esta tajante aspirina francesa se debía a un médico, el doctor Joseph-Ignace Guillotin. Descuartizado, decapitado y despedazado por Seth a finales del siglo XVIII, el cuerpo fue restaurado en mitos modernos. El romanticismo y su gusto por lo gótico anuncian el fortuito encuentro de un paraguas y una máquina de coser en una mesa de operaciones.

anterior, también destinada a Delahaye, el sarcasmo y la procacidad habituales, acentuados por el consumo de ajenjo (*absinthe*), hacen muecas a partir del encabezamiento. Especie de Arc de Triomphe de *L'académie d'Absomphe*, está fechada en *Parmerde, Juimphe 72* en vez de París, junio 72. Tras las alteraciones triunfales, las humillantes capitulaciones: el aullido; luego, el silencio. En el ínterin, como si se tratara de un gesto dinástico o una zancadilla a sus propios delirios, deja un graffiti en una columna de Luxor. Se supone que fue él, no el otro, quien grabó en la piedra *r i m b a u d*. ¿Se trataría de un amago de *cartouche* o de algo menos faraónico? ¿Acaso un epitafio? Ni sus libros ni aquella columna entonces casi totalmente enterrada en la arena serían su lápida. Rimbaud sólo murió para Rimbaud. Rimbaud sólo murió en Rimbaud.

7.

Escribió sus primeros poemas en latín. Uno, sesenta hexámetros en ocasión de la primera comunión del hijo de Napoleón III, llamó la atención. Fue felicitado públicamente a solicitud del tutor del príncipe imperial. Tenía entonces trece años. Esa oda era fruto de la pasión por el griego, el latín y los clásicos de la literatura francesa inculcada en el Collège de Charleville por uno de sus maestros, Lhéritier. Mientras este desentrañaba algún misterio de la tercera declinación en la pizarra, él improvisaba versos latinos para los condiscípulos. Cada uno, así, toreaba la tarea como un Horacio en potencia. La buena memoria y la aun mejor capacidad de imitar con gracia y rapidez a sus modelos —currente pero también ocurrente cálamo—, le permitían recordar cientos de versos y adaptarlos para escribir otros tantos, como si Lucrecio y Virgilio fueran sus contemporáneos. En 1869 publica composiciones latinas en *Le Moniteur*. Una —*Jugurtha*— resulta premiada. A la sombra de otro maestro —Izambard— lee vorazmente a los clásicos. En 1870 participa en un importante concurso académico. La competencia exigía latín para un improbable orador y un auditorio imposible: un discurso de Sancho Panza a su burro. Dio suficiente lustre a ambos como para merecer lustre propio: se llevó el primer premio. Era un bárbaro, un torpe galo de ojos azules que se romanizaba a través de los estudios y el confesado gusto por el latín de iglesias. ¿Acaso pueden extrañar las huellas que se han señalado en *El barco ebrio?* En el verso «Plus léger qu'un bouchon j'ai dansé sur les flots», flota todavía el *levior cortice* de Horacio. Todo eso que entonces parecía innaufragable –la poesía, el poeta, la inocencia, la niñez– era tan sólo un Titanic de juguete. El *iceberg* –o témpano, o mores!– se llamaría Verlaine; el corcho y todo lo demás, tras el naufragio, serían pecios.

1871 deja dos definiciones muy dispares que han corrido pareja suerte: poesía eres tú pero yo es otro. La primera figura en la edición príncipe de las *Rimas* de Bécquer; la segunda, extraña conjugación que ya hemos meneado unas cuantas veces en este cubilete, proviene de la *Carta del vidente*. El adversativo es mío. Con él subrayo el abismo que separa dos instantes aparentemente simultáneos y correlacionables. Uno pertenece al siglo XIX; el segundo, siempre inminente, al porvenir. Lanzaremos esos dados de nuevo. Que rueden hasta descomponerse como la luz, para sorprender –o adivinar– cómo se produce esa mutación en tan pocas palabras. Por supuesto, entreveremos solamente la metamorfosis del zumbido, pues para la del insecto no hay agujas.

¿Cabría pensar que se trata de una *contrepetterie*, o sea de un error intencionado, un desorden en las palabras que pretende producir un efecto burlesco o un sinsentido? Al volver a las cartas a Izambard y Demeny del 13 y 15 de mayo del 71 resulta evidente que el lapso es absolutamente deliberado. De hecho lo subraya con mayúsculas: «JE est un autre», «Car JE est un autre». Muy lejos de la burla, lo que esta dramática partida de nacimiento anuncia, de hecho, es una partenogénesis, la milagrosa presencia de un dios. En ambas cartas el anuncio está acompañado por amagos sinfónicos. «Yo es otro. ¡Mala suerte para la madera que se encuentra violín, y se burla de los inconscientes, obstinados en lo que ignoran completamente». Eso, el 13. Dos días después: «Puesto que Yo es otro. Si el cobre se despierta clarín, no es culpa suya». Cuerdas, vientos: yo es otro es madera vuelta violín y cobre vuelto clarín. Riman las palabras –*violon, clairon*– y los instrumentos en acorde. El aparente lapso es el comienzo de una sinfonía: «Me es evidente esto: asisto a la eclosión de mi pensamiento: lo miro, lo escucho: doy un golpe con el arco de violín: la sinfonía se mueve en las profundidades o asciende de un salto a la escena». Estas cartas muestran al joven ya mutante que pronto, apenas meses después, trabará amistad con Verlaine y extremará así la mutación. Una sinfonía que terminará en aullidos.

Hay antecedentes de la expresión en la literatura que Rimbaud conocía. En uno de los capítulos finales de *Los miserables*, Cosette se transfigura para Mario mediante una expresión que la mueve como reina sobre el tablero de pronombres, pasando de primera a tercera a segunda persona: «Cosette, se penchant tout contre Marius, lui caressa l'oreille de ce chuchotement angélique: –C'est donc vrai. Je m'apelle Marius. Je suis Madame Toi». En la relación orgánica del creyente con el cuerpo de Cristo, según Pascal, «Todo es uno. El uno es el otro; como en las tres personas». En Montaigne pudo haber aprendido a verse como tercera persona: «No me estimo de forma tan indiscreta, ni estoy tan mezclado y atado a mí, que no pueda distinguirme y considerarme, por mi parte, como un vecino, como un árbol». ¿Acaso recordaba una consigna revolucionaria de Chamfort: «Moi, tout; le reste rien! Voilà le despotisme. Moi, c'est un autre; un autre c'est moi: voilà la démocratie»? Los antecedentes –amagos, variantes, insinuaciones– abundan pero el infinito también. Me limitaré, pues, a uno exclusivamente, apostando a que Rimbaud lo conocía.

Un joven galo aprende latín en el primer o segundo siglo de nuestra era. O quizá mucho antes, hacia el año 0, o tras haber participado en el saqueo de Roma del 390 a.C. La arqueología del futuro lo sorprende luego en pleno siglo XIX cerca de la frontera belga: el bárbaro sigue aprendiendo latín, pero ahora es francés y ya sabemos su nombre. La romanización es apenas una de las mutaciones que lo transfigurarán hasta convertirlo en un ícono de la poesía moderna y de su desamparo: su obra es también el gesto que la borra. Su renuncia, su renuencia, su hastío, su asco, las espaldas que le dio a las letras cuando empezó a sentirse como una mosca en una letrina, quedan como un cheque en blanco para quienes lo siguen. En vano: es un cheque sin fondo. Mejor dicho: tiene un fondo sin fin. Es un cheque con abismo.

La amistad, estímulo que fecunda y arrebata, propicia la dramática y maravillosa transformación inicial. El otro yo se debe al maestro que supo reconocer en él –en ellos– la buena cepa. En su propio apellido se cifra la extraña alquimia: Izambard, que est un barde en inglés machucado por galo, prefigura al mutante que de repente se le aparecerá en una carta. Escultura de sombras, máscara de varios y laberinto de centauros, llamarse Izambard es un llamado cátaro a la sublevación y a la metamorfosis: sustantivo is a bard pero también verbo conjugado simultáneamente por no tan dispares dos personas, la primera transformándose en tercera, o viceversa: yo es otro / is am bard. Otra apuesta: Rimbaud tuvo minoico en su oído aprendiz de idiomas para el laberinto izambardo; y además halló en él ecos, sombras de lecturas compartidas: Aristóteles, Cicerón, Séneca. La intencionada torpeza que nos regala yo es otro se da en el marco de dos amigos: Izambard, Demeny, luego desastrosamente multiplicados en Verlaine; pero también en el marco de la amistad como tópico de la literatura clásica y de manera muy específica en el lenguaje ahí codificado.

Para alcanzar la felicidad, valga Epicuro, los sabios no disponen de un medio más fructífero que la amistad. La abundante literatura dedicada por los antiguos a este asunto le concede toda la razón. Un vistazo a tres muestras revela lo que de ella pudo haber aprovechado Rimbaud: la *Ética nicomaquea* de Aristóteles, el *Lelio* de Cicerón y las *Cartas a Lucilio* de Séneca. De este último vale la pena señalar dos aspectos difusos que desde el remoto pasado nos acercan a los días de mayo de 1871. Primero, es una obligación del sabio vivir para los demás. La sabiduría, como se desprende de la Carta XLVIII («Deberes de la amistad»), es un puente hacia el otro. La otredad resulta casi consubstancial al yo cuando se vive para un amigo. Además –Carta VI («De la verdadera amistad»)– la sabiduría implica un proceso de transformación, cuya naturaleza y pormenores deben comunicarse para fomentar una «amistad auténtica»: «Voy comprendiendo, mi caro Lucilio, que no solamente me enmiendo, sino que me transformo». Yo es otro, le dice sin la maravillosa síntesis, para estimular la mudanza radical, aquella que compromete algo más que las hojas. Pero es en Aristóteles y en Cicerón donde hallamos una expresión muy parecida a la del poeta. Sospecho que la encontró, la trastocó ligeramente, and the rest is history. En la *Ética nicomaquea* (Libro IX, 4, 1166) Aristóteles fija una escueta pero soberbia definición que seguramente le llamó la atención. La amistad, dice, extiende a los demás la relación que uno tiene consigo mismo, pues en realidad –y aquí cito– «el amigo es otro yo». Yo es otro y es otro yo son imágenes gemelas invertidas por un espejo. Cicerón repite esta frase lapidaria. Fija, primero, la semejanza que caracteriza a los amigos: «Quien contempla, en efecto, a un verdadero amigo, contempla como un retrato de sí mismo» (VII, 23). Verse en otro –vuelve el espejo– es empezar a ser otro. Luego, esto: *Est enim is, qui est tamquam alter idem* (XXI, 80).

O sea, el amigo en verdad es otro yo. Más sugerente que alter ego, múltiplo de mil metáforas, alter idem entraña el cambio deseado. La liberación definitiva del cepo esterilizante de la madre. La partenogénesis posible. El vino nuevo. La insurrección solitaria. Las alas. El otro perfil del legionario, casco y penacho relumbrantes, se estira como el lomo de un gato que acaba de despertar, el pelaje blanco en titileo y caricia se astilla traspasado por la luz, el rostro busca esa luz para abrir los ojos y encuentra un par de largos remos y una vela repleta de pájaros que la empujan hacia el norte, de repente la harina combada galopa, caracolea, dejando entrever relinchos azules y dorados como un puño que se abre y muestra su anillo de oro y ágata tallada en hueco, rueda un poco más y ambos dados, oscurecidos por números cada vez más exigentes, caen multiplicados. La nube se transforma hasta que llueve. Entonces la menuza de su plomo vuelve a ascender como savia por los peldaños de un cedro y gorjea empinada en la penúltima rama. Alter idem.

Caracas, 16 de octubre 2006

Srta. Bisturí

1.

En el debate entre cirujanos-barberos y médicos, tan mudo y latente como decisivo, el triunfo, aplastante por cierto, correspondió a los humildes barberos. No sabrían latín estos romancistas o empíricos, pero sabían manejar tijeras y cuchillas, y estaban dispuestos a mancharse las manos de sangre para cauterizar heridas o mostrar un hígado espléndido. Vivo o muerto, el cuerpo les entregaba secretos que sus doctos colegas en vano pretendían descubrir en citas de Hipócrates o Galeno. El cuerpo como libro abierto. Texto de extrañas declinaciones y sintaxis a veces repulsiva escrito en la mañosa retórica de los músculos, en el latín ciceroniano de los riñones o en la dialectal germanía de la vejiga y el pene. Siempre originario y canónico al ponerse a la vista y al alcance de la mano, poco a poco primero y luego aceleradamente impuso un nuevo punto de partida al estudio de anatomía a partir del siglo XVI. Hasta Praxágoras o el propio Aristóteles podrían ser desmentidos por un tejido irrefutable. El corazón, cuyos secretos hasta entonces se revelaban casi exclusivamente a los poetas, mostró el miocardio, las válvulas, las cuatro cámaras faraónicas de una pirámide invertida coronada no de espinas sino de arterias. El ventrículo izquierdo, abierto de par en par por mudas pinzas, invirtió papeles y autoridades: el sabihondo académico devino en títere de quien sí conocía las profundidades corporales, el protocirujano, involuntario ventrílocuo que de pronto, zas, zas, tomó la palabra.

Durante las lecciones de anatomía, conducidas por médicos, los barberos se ocupaban de la tarea envilecedora: la disección del cadáver. Aquellos se limitaban a lo consagrado por los siglos y los siglos, repitiendo como cotorras ilustres citas de las autoridades. Nunca se manchaban las manos. Así, como Aquiles, perdieron la carrera con la tortuga. La disección misma fue parte del debate. Y el cadáver, aunque inerte, parte interesada. De pronto la observación y la autoridad, reñidas, llevaban a un callejón sin salida. La nefrología y los riñones, trancados, se desautorizaban a gritos ante la mirada asombrada del estudiantado. ¿Que los cadáveres desmentían a Galeno? Los galenos, más fieles al Organon que a los órganos, juraban que los insepultos eran unos vulgares calumniadores. ¿El hipogloso no obedecía a la impecable lengua griega o latina? Ergo: mentía. Una hipotética mutación en la estructura del cuerpo y su desastrosa anatomía, ocurrida entre la dorada época antigua y el desagradabilísimo presente, era la única salvedad aceptable para zanjar las diferencias evidentes que día a día se acumulaban. Esto, según los sabios, más doctos que doctores. Dogmas y silogismos se descomponen lentamente. Más lentamente, sin duda, que un montón de cadáveres. Pero la heterodoxia del cirujano se impuso. Prueba de ello es ese raro personaje decimonónico y muy parisino que nos llega a través de Baudelaire: una admiradora del cuerpo médico –léase en todo sentido– que se llamaba Srta. Bisturí.

2.

No fue nada fácil al principio. Un ejemplo: a quienes manipulaban el cuerpo se les daba un mote estigmatizante: *coprophagi*. El término no es cubano ni ha sido traducido al griego por decoro o petulancia. Así se decía, en peyorativo ático y adrede. Pero el barbero se impuso a los afeites del médico y la grosera disección a las sabias disertaciones. La prueba más contundente, y casi inmediata, está en los hechos: la práctica no sólo de la medicina sino de otras disciplinas. La salud estaba en el filo y la punta de una cuchilla, pero también el arte y luego hasta la filosofía. La observación rigurosa, metódica, la experiencia y la experimentación como bases del saber, que orientarán el curso de la ciencia desde entonces, fueron pronto asumidas por los pintores, acaso porque estos también, como los cirujanos, estaban acostumbrados a mancharse las manos. De hecho el dibujo anatómico fue practicado con rigor primero por artistas, no por médicos. Antes que el célebre Vesalio, el celebérrimo Leonardo, también en esto, fue pionero. Sus modelos, todos anónimos, merecen la fama de la Gioconda, no por una misteriosa sonrisa sino por su razonable paciencia.

Que Leonardo haya sido pionero del arte p.m. –arte post mortem– no se debe al azar. Italia fue un importantísimo centro del estudio anatómico. La práctica de disecciones se divulgó allí a través de concurridos teatros de anatomía, como los de Benedetti o Fabricio d'Acquapendente, despertando la imaginación y una irrefrenable curiosidad para provecho de muy diversas ramas del saber. La penetración del cuerpo irradió como sinécdoque al todo por las partes. Con las vísceras y el esqueleto la profundidad se hace objeto de escrutinio. Primero, la del cuerpo. Su profundidad de estructura: la anatomía; y luego su profundidad de función y disfunción: la fisiología y la patología. Pero el abismo del cuerpo fue tan sólo el primero de otros abismos escalonados. Surgió como frontera el espacio en sí. El espacio geográfico, el espacio astronómico, el espacio conceptual, el espacio pictórico, quedaron sometidos a investigaciones paralelas a la disección, rindiendo sus frutos gracias a las herramientas sugeridas por el bisturí de los cirujanos y las tijeras del barbero: la brújula, el telescopio, la duda metódica, la perspectiva, tienen todos filo para asomarse al vacío.

3.

En un período de aproximadamente treinta años, entre 1485 y 1515, las contribuciones de Leonardo al arte y la ciencia son enormes. Sus dibujos revelan un extraordinario progreso en el estudio anatómico. Son los mismos años, y esto no sorprende, en que está realizando importantes experimentos sobre perspectiva. Para poder pintar el cuerpo Leonardo tenía que traspasar la piel, como si la superficie –la verdad de la superficie– estuviera siempre más allá. Algo así como una perspectiva orgánica cuyo punto de fuga –convexo– brotara hacia la mirada desde un fondo visceral pulsante aunque invisible. Tenía que traspasar la piel para pintarla porque eran los músculos, los huesos y el flujo sanguíneo los que generaban y explicaban su forma, su color, su particularidad, colmándola de vida. Pero resultaba necesario también, compulsión de infinito, conocer la naturaleza de estos tejidos. Así fue cayendo en el esqueleto, el sistema circulatorio, el sistema nervioso, y más allá aún –como lo ha señalado Freud– en su singular y algo borrosa identidad. Y puesto que el cuerpo es espacio y tiempo, a través del dibujo se acercó a su origen, a la semilla: como si se tratara de una ruina, buscó y dibujó el feto, cuerpo enterrado en el cuerpo, haciendo así la arqueología de un presente negado y de un futuro que nunca fue.

Atravesar la piel es un ejercicio complementario de otros que desde muy joven había emprendido. «Todos los días –dice Vasari– hacía modelos y proyectos para cortar fácilmente las montañas y horadarlas para pasar de un lado a otro». El túnel también está entrañado –literalmente– en una broma que jugaba a los amigos, asociando burlonamente la ingeniería a la anatomía: «solía hacer secar y limpiar las tripas de un capón, volviéndolas tan reducidas que cabían en la palma de la mano. En otra habitación guardaba un fuelle de herrero y con él solía inflar las tripas hasta que llenaban la pieza, que era grande, obligando a los que estaban presentes a refugiarse en un rincón». Un libro sobre la anatomía del caballo, que Vasari daba por perdido en el siglo XVI, seguramente aprovechaba esas dos ramas del saber como anatomía de la velocidad. Cuando trabajó en colaboración con Marcantonio della Torre la curiosidad por el movimiento lo lleva a fijarse no sólo en la estructura sino en la mecánica del esqueleto; y al dibujarlo «agregó todos los nervios y músculos, los primeros ligados al hueso, los segundos que lo mantienen firme y los terceros que lo mueven».

La descripción de la Mona Lisa que deja Vasari, donde asegura que «fue pintada de una manera que hace temblar y desespera al artista más audaz», pone de manifiesto lo profundo que era el conocimiento de Leonardo y lo penetrante que era su capacidad de observación:

> Aquella cabeza muestra hasta qué punto el arte puede imitar la naturaleza, pues allí se encuentran representados todos los detalles con gran sutileza. Los ojos poseen ese brillo húmedo que se ve constantemente en los seres vivos, y en torno de ellos están esos rosados lívidos y el vello que sólo pueden hacerse mediante la máxima delicadeza. Las cejas no pueden ser más naturales. Por la manera como salen los pelos de la piel, aquí tupidos y allá ralos, encorvándose según los poros de la carne. La nariz parece viva, con sus finas y delicadas cavidades rojizas. La boca entreabierta, con sus comisuras rojas, y el encarnado de las mejillas no parecen pintados sino de carne verdadera. Y quien contemplaba con atención la depresión del cuello, veía latir las venas.

Poros, delicadas cavidades, boca entreabierta, la depresión del cuello: en el plano Vasari busca insinuaciones de la profundidad, lo cóncavo. Quizá recuerde a Pitágoras Leontino, según Plinio el primer pintor de la antigüedad «que representó las venas y los tendones y cuidó mucho los cabellos». Estos asombrosos detalles, casi palpables, muestran que Leonardo pintaba el cuerpo desde adentro: *salen* los pelos de la piel. Si la Gioconda aún nos parece viva es porque él supo verla a través de la muerte. Ella posó para el cuadro pero fue apenas uno de los modelos. Muchos otros, anónimos, han hecho posible que la mirada del pintor –y la nuestra– vea ese latido de las venas. Se trata, por supuesto, de los cadáveres que ha examinado con suma atención. Ya en la primera biografía de Leonardo se destacan sus esfuerzos por dominar la materia: «diseccionaba cadáveres de criminales –dice Paolo Giovio– sin que le afectasen ni lo horrible ni lo desagradable de estos estudios y sólo aspiraba a aprender cómo podría representar en su pintura, con fidelidad a las leyes de la naturaleza, las distintas articulaciones, sus flexiones y sus estiramientos». No advertía el hedor de la muerte –asegura Vasari– ya que podía abstraerse completamente en su amor al arte. Llegó a ser una autoridad precisamente porque podía superar, gracias a su irrefrenable curiosidad, todos los inconvenientes. Según una nota de sus últimos años practicó más de veinte disecciones. Otras tantas recomendaba a los artistas jóvenes, señalando las numerosas dificultades de la tarea: «Y si estas cosas te interesan, se te presentará tal vez el inconveniente de las náuseas, y si éstas no, acaso sí el miedo a encontrarte de noche con muertos desfigurados, disecados y de aspecto desagradable; y si nada de esto constituye un impedimento, entonces te faltará tal vez el dominio del dibujo».

4.

Volvemos a las líneas de Vasari sobre la Gioconda para tratar de acercarnos a la mirada perpleja, absorta, que en ese retrato se contempla: no la suya, la nuestra. «La nariz parece viva,» «los ojos poseen ese brillo húmedo que se ve constantemente en los seres vivos». Cierto énfasis en la descripción del cuadro presupone, en la imagen como copia fiel de la naturaleza, una forma de muerte. Sin proponérselo, inconscientemente, el exégeta esboza un protocolo de autopsia. Otra clave suya resulta provechosa: «tiene una sonrisa tan agradable, que más bien parece divina que humana, y fue considerada maravillosa, por no diferir en nada del original». En esa sonrisa se cifra la imponderable ambigüedad de la figura. Está entre lo divino y lo humano. También, como sugieren las entrelíneas del texto, entre la vida y la muerte. Al pintar a la modelo sonriente y de paso embarazada –como ahora se afirma–, Leonardo se fijó en los más mínimos detalles tan atentamente como cuando observaba y dibujaba un cadáver. Pudo lograr así –extraño homenaje de la muerte a la vida– una ambigüedad extrema. Una ambigüedad límite. El cuadro, tan singular que no parece pintado, revela no ya una imagen sino la vida misma del cuerpo. Pero esa imagen tan viva se debe a una mirada y a una perspectiva que provienen de la otra orilla: el cuerpo está como iluminado desde adentro por un cadáver. O por su propia muerte, aún lejana.

Lo que así se logra es a todas luces inaudito. En el plano se expresa no sólo una tercera dimensión espacial sino la profundidad última del espacio, su abismo, que es el tiempo. Para Leonardo se trata de un aspecto esencial de la representación. En su apología del dibujo anatómico, lo temporal adquiere un notable y extraño relieve:

Tú me dices ....
....
....
....
.... el tiempo ....
....
....[1]

---

[1] La inclusión y representación de lo temporal entre las dimensiones espaciales, imposibilidad que nos regalará algunos de los más incisivos atisbos de Lessing, debe haber sido un reto particularmente seductor para Leonardo, como se nota en su apología del dibujo anatómico. El reto implica un problema similar sólo que infinitamente más arduo que el que Harvey

No vemos las vísceras ni el esqueleto pero son estos los que dan a la espléndida superficie su extraña delicadeza y dramatismo, su carácter. Tampoco vemos el tiempo, pero lo sentimos; y presentimos que es lo que de veras dibuja y desdibuja a las figuras. La mujer de Francesco del Giocondo ha sido pintada desde adentro. De adentro hacia afuera. Del esqueleto a las vísceras, de las vísceras a los músculos, de los músculos a la piel. Quizá del feto a la madre. Una disección al revés. Leonardo parte de un cadáver y lo vivifica cubriéndolo con una piel vibrante, sensual. Algo así como el *esqueleto vivo* de Calderón en *La vida es sueño* o el cráneo de Holbein en *Los embajadores*. La ambigüedad entre original y copia, divino y humano, vida y muerte, tiene algo de paradoja. Para

---

confrontara al describir la circulación de la sangre. Todo sucedía tan rápidamente que el fisiólogo tuvo que explicar el latido por analogía con la detonación de un proyectil: la sangre como bala y el latido como disparo. Difíciles de observar, pero así disparados, los pormenores de la circulación adquieren suficiencia de concepto. Señalo esta curiosa analogía en *El corazón como espectáculo* de *El aliento del dragón*. Antes que Harvey, otro inglés, contemporáneo suyo, aprovechó la velocidad de las balas para ilustrar el amor, esa generalizada afección cardíaca. «She's dead»: ella ha muerto. Así comienza un poema de John Donne. Luego el amante asegura que su alma, arrebatada por esa ausencia, alcanzará a la desaparecida: «And so my soul, more earnestly released, / Will outstrip hers; as bullets flown before / A latter bullet may o'ertake, the powder being more». Por lo demás el tema de *The Dissolution* se ajusta perfectamente a la observación de Leonardo. «Tú me dices […] el tiempo» es lo único que me queda de esa apología que tenía que citar. Tomada de la página 12 de un libro –luego perdido– tan disponible que ni siquiera anoté título y autor, es sostén ausente de estos apuntes, cuyo borrador data de 1989. Los reconstruyo lo más fielmente posible pero por supuesto en colaboración con un doctor de cuyo nombre no quiero olvidarme: Alois Alzheimer. Al referirse a la disección y al dibujo anatómico, Leonardo subraya la necesidad de trabajar con suma diligencia, pues el tiempo –advierte– altera los tejidos. Es muy probable también que altere las citas.

pintar debidamente un cuerpo vivo, no basta verlo desde afuera, como mera extensión y juego de proporciones. O sea, como espacio. Hay que verlo desde adentro también, imagen de ocultos tejidos y sistemáticas funciones que lo mantienen en pie. Leonardo se explica mediante una analogía efectista y persuasiva. Apoyándose en el estudio de los étimos sugiere una arqueología del cuerpo: «Para los buenos dibujantes, esta representación es tan importante como la derivación de palabras latinas para los gramáticos, pues quien no sabe qué músculos causan determinados movimientos dibujará mal los músculos de las figuras en movimiento y acción». Sólo que para verlo desde adentro –y como devenir– hay que hacerlo por partes, recurriendo al estudio anatómico y por ende a los cadáveres. El remoto étimo, valga la paradoja, resulta ser una ruina futura. Una lengua muerta que está por nacer. Como los científicos, el artista busca en lo disecado los misterios de la vida, lo ya transcurrido y como ajeno a esas partes. Pero no enteramente ajeno. No hay vida pero sí tiempo en los restos; y los corrompe inexorablemente, los demuda. Para ser fiel a la naturaleza, urge trabajar sin demora, antes de que asomen lo que Paracelso llamara «los colores de la muerte». No hay que perder el tiempo, pues. Ni dejárselo a las etimologías.

Caracas, 27 de octubre 2006

Imágenes de lo invisible

> Cuando se despega el epicardio del pericardio, la fibrina, adherente como el caucho, reviste ambas superficies y produce el aspecto de dos rebanadas de pan untadas con mantequilla.
>
> Stanley L. Robbins, *Tratado de patología*

1.

Más jocoso que macabro, en uno de los juegos inventados por los surrealistas irrumpe el cadáver. Ese juego, un poema colectivo que intenta aproximarse a la escritura automática y al inconsciente, debe su nombre a la primera frase obtenida con sus reglas: «Le cadavre exquis boira le vin nouveau». El cadáver, domado por la vista y el paladar en el curso de los siglos, ha llegado a ser una exquisitez.

2.

Según Raymond Roussel, que debió llamarse Raymond Carrousel, *Cómo escribí algunos libros míos* era algo «secreto y póstumo». El suicidio haría irrefutable dicha afirmación, aparentemente más enigmática que categórica. Estaba organizado el estreno del cadáver como autor. De hecho hablaba un muerto. En 1933, estando en manos del impresor el manuscrito de la obra, Roussel se quitó la vida. Acción y redacción se confunden. Biografía equivale a bibliografía. Y viceversa.

3.

Incluir, en un eventual listado de ocurrencias en que como por azar se conjugan arte y muerte y vida, episodios como los siguientes. Al *David* de Miguel Ángel le quebraron un brazo de una pedrada. A través de un enfurecido detractor de Miguel Ángel se vengaba Goliat. El cadáver de Goya fue desenterrado y mutilado; su cadáver mismo, así, resultó goyesco. Las esculturas del Aleijadinho, hechas en piedra porosa, ahora parecen estar contaminadas de su enfermedad. La lepra sigue retocando obras indefinidamente inconclusas: sobras, ruinas. Mallarmé, cuya poética se confunde con el suicidio, muere de un espasmo de glotis. Una traducción psicosomática del *Grand Livre*, según Charles Mauron. El 19 de noviembre de 1987 se suicida en Nueva York Christopher Wilmarth, cuya obra se inspira precisamente en la poesía de Mallarmé. Su final también, pareciera, algo le debe al simbolista francés. Wilmarth se ahorcó en su taller de Brooklyn, colgándose de la grúa que había instalado para mover los elementos de acero y vidrio utilizados en sus esculturas. Escogió el lugar de la palabra —el cuello, la garganta—, el punto más desamparado del cuerpo y acaso el menos escultórico. Pero usó la rigidez de la muerte para que lo hallaran transformado en metal y vidrio. Tieso, opaco, pesado, Wilmarth fue la última obra de Wilmarth. El 27 de agosto de 1938, siete años después de que en un autorretrato se representara tuerto del ojo derecho, a Victor Brauner accidentalmente le vaciaron el ojo izquierdo. El entierro del dramaturgo cubano Virgilio Piñera fue casi una pieza suya: teatro del absurdo *in extremis*. El 9 de septiembre de 1985, durante la cobertura de un *coup* fallido en Tailandia, mueren dos periodistas de la National Broadcasting Company, Neil Davis y Bill Latch. Davis, camarógrafo, fue alcanzado por unos balazos frente a su cámara, que al caer al suelo siguió rodando en posición vertical y filmó el suceso. La muerte del periodista se convierte en una noticia espectacular, involuntario amarillismo en blanco y negro como soñado por William Randolph Hearst. Azar objetivo, teleología, hipertelia, golpe de dados que jamás abolirá el azar.

4.

«No es verdad que vivimos, / no es verdad que duramos / en la tierra». Estos versos, de un breve y bellísimo poema azteca traducido por Ángel M. Garibay, revelan el desamparo del hombre ante la muerte. Revelan además que no sólo en la disciplina médica se libra un combate a muerte contra la muerte. En cada una se libra ese combate. Cierto: en algunas se ha pasado por alto lo fundamental. Hay una enseñanza para todos en las lecciones de anatomía: lo que se busca en el cadáver es la vida; se estudian las enfermedades y la muerte para curar, para vivir. Donde y cuando ejerce un desmesurado hechizo, la muerte como tal se convierte en objeto de especulaciones; y la teología o la escatología cosechan más frutos que la ciencia. Aun entonces, sin embargo, como vida perdurable o resurrección, rige el eros de la lontananza.

5.

Atisbos y contradicciones: el pensamiento de Paracelso es renacentista pero su imaginación es medieval. Por eso algunas veces separa al hombre del cielo y otras lo vincula a las estrellas. La medicina, así, forma parte de una rebelión contra el gótico y simultáneamente se confunde con las catedrales. Se aleja de las alturas y choca con ellas: se estrella contra las estrellas. Acaso nostálgico de la esplacnomancia, Paracelso se opuso a las disecciones porque en su opinión los cirujanos no veían nada en las vísceras. A sus colegas se les escapaba lo fundamental: la adscripción de las diversas partes del cuerpo a sus correspondientes estrellas o planetas. La anatomía es una disciplina paralela a la astrología o la astronomía y los dibujos anatómicos en el fondo son cartas estelares. Las infecciones comienzan en los astros y de ahí descienden al hombre. El cuerpo también es un firmamento: uno delimitado por la piel. La metáfora, que otorga a las vísceras un inmenso esplendor, recuerda la singular lección de anatomía del maestro Rebí Simeón en el *Zohar*. La conclusión inmediata derivada de esta enseñanza diseminada por Moisés de León a finales del siglo XIII en la órbita del misticismo judío y unos dos siglos después por Paracelso en el ámbito del conocimiento médico, podría ser, en palabras del *Zohar*: «¡No creáis que el hombre no es más que carne!» Esta sublimación de las vísceras basada en la conjunción de dos planos, el macrocósmico y el microcósmico, fue retomada y reformulada por la pintura y la gastronomía, más decisivas a la postre en la consecución de la finalidad deseada.

6.

Lo único real y verdadero para el pensamiento medieval es lo invisible. El alma, no el cuerpo; Dios, no las maravillas de la naturaleza. Lo que puede ser tocado y trastocado por la enfermedad y la muerte, sólo la vanidad pretendería embellecer. Ilusiones, espejismos: al apartar al alma de Dios, lo visible la condena a la irrealidad. Trampas del pecado: creer en el espectáculo del mundo más que en las metáforas de la fe. Creer en la carne más que en la resurrección y en sus apetitos más que en la comunión. Imposible una estética o una ética basada en lo efímero y corrompible: la catedral se levanta sobre lo eterno. La primera piedra, siempre, es lo invisible. Las otras —agujas, bóvedas, arcos ojivales, rosetones— enlazan sus volúmenes para que se manifieste lo invisible. Las grandes vidrieras exprimen la luz, revelan su esencia y mediante imágenes que la música realza acercan los sentidos a la fuente misma del sentido, que es Dios.

Organizado por una preceptiva teológica y no por una perspectiva pictórica, lo visible deja de ser una trampa para convertirse en vía de salvación. Es un velo, como decía Hugo de San Víctor. Un velo que para unos oculta lo verdadero y para otros lo insinúa, lo manifiesta. La tarea: verlo y removerlo. Anacalipsis. «Los dioses –según Homero, ese pagano– no se hacen visibles para todos».

Hay un sentido oculto en la naturaleza y en el arte. Esta filosofía y estética de raíz medieval está muy viva todavía en el arte religioso renacentista y barroco. No hay objeto que no remita al otro lado de las cosas. Un vasto y minucioso sistema de alusiones: sólo una mirada profana dejaría de ver a San Pedro en un gallo y a San Rafael en un pez. Gracias a la fuerza irradiante de la alegoría, el despreciable mundo de las ilusiones es susceptible de recta interpretación. Obras como la *Occulta Filosofía de la Sympatía y Antipatía de las Cosas*, del padre Nieremberg, publicada en 1646, ayudan a esclarecer los símbolos, despejan el camino que conduce de lo visible a lo invisible, de las cosas a Dios. Un diccionario no de palabras ni de signos sino de señales, indicios, designios.

7.

En la medicina renacentista opera el mismo principio: lo invisible en lo visible. «Así, ninguna cosa que esté escondida podrá dejar de ser revelada por el médico cuya luz podrá ser proyectada sobre la tierra, el agua, el firmamento, el fuego y sobre todas las cosas, en fin, que quieren contemplar las maravillas del Dios que las ha creado y en cuya mente viven antes de todo». El médico como supremo intérprete de lo oculto puede descubrir en el cuerpo los males que lo aquejan: «Esta percepción por los ojos en la luz de la Naturaleza, aumenta la comprensión e indica claramente las cosas invisibles que nuestro arte ha de exponer y transformar en visibles». Pero –sigue Paracelso– «la luz de la Naturaleza» no basta: «conviene que no nos conformemos con la luz que irradia de las mismas obras haciéndolas visibles, sino que nosotros mismos debemos poseer una luz mayor y más poderosa, que esté por encima de la propia luz de las obras».

En la analogía empleada para mostrar y elaborar este principio se transparenta la compenetración entonces existente entre arte y medicina. Temas y técnicas de la cirugía transforman la realidad que podía ser plasmada por los artistas y hasta la manera de verla e interpretarla. La disección no resulta ser meramente una novedosa temática, donde las diversas partes del cuerpo sirven como modelos, sino una manera de acometer la tarea: la perspectiva es pariente del bisturí. A su vez el arte apoya a la ciencia. Por una parte constituye una valiosa herramienta, pues permite comunicar con efectista exactitud los acelerados conocimientos de anatomía: no sorprende que Leonardo considerara al dibujo más útil para este fin que la disección. Es además un medio de representación e interpretación del cuerpo, cuyas partes y dolencias vemos como imágenes, efigies, copias, formas. «Debéis pensar y saber ahora –escribe Paracelso en *Opus Paramirum*– que todas las cosas tienen una imagen o efigie (*sunt effigiatea*), que es lo que llamamos una anatomía. Así el hombre está revestido de una forma (*fictus est*): de ahí que interese al médico conocer la anatomía antes que nada, y no sólo la del hombre normal sino también la del hombre enfermo, pues todas las enfermedades tienen su anatomía propia».

Por medio de estas efigies y formas es como lo invisible se manifiesta en lo visible:

> Es preciso pues que todas las enfermedades tanto internas como externas, sean examinadas por las más diversas vías, ya que no hay nada invisible en nosotros que no tenga algún signo exterior, aunque en muchos casos no alcance a poseer una verdadera forma (*effigiatum*). Basta en efecto que el germen esté presente en nosotros (*intra nos*) representando exactamente a todo el cuerpo, de la misma manera que la semilla

representa a todo el árbol dentro de la tierra. El ventrículo, según esto, es el verdadero escultor del cuerpo, cuya función cumple a pesar de permanecer invisible.

Todas las enfermedades, pues, tienen sus imágenes propias, así como cada imagen posee la medicina y la anatomía que Dios le ha dado.

La analogía entre medicina y arte, entre médico y artista, aparece de manera reiterada y explícita en estos escritos, iluminando, desde la órbita científica, el fenómeno que simultánea y paralelamente se manifestaba en la obra de Da Vinci. Vale la pena citar el comienzo del quinto capítulo de *Opus Paramirum*:

> Acabamos de demostrar que el verdadero «sujeto» de la Medicina son «las tres substancias», al lado de las cuales «el cuerpo intermediario» se diferencia netamente gracias a sus admirables construcciones y perversiones. Esa mutación o perversión no es otra cosa que lo que el pintor o el escultor expresan al realizar una estatua de madera o al trazar una imagen sobre un muro, en donde nadie llega a ver la madera y todos en cambio perciben la imagen dibujada.
>
> Sin embargo, basta con que frotemos ligeramente el lienzo con una esponja humedecida para que desaparezca todo cuanto el pintor ha añadido allí con su oficio.
>
> Lo mismo pasa con la vida. Así, una vez que Dios nos ha esculpido y aglutinado en las tres substancias, la vida nos anima, permitiéndonos andar, detenernos y movernos. A pesar de esto, cualquier «esponja» puede hacer desaparecer todas estas cosas; lo que quiere decir que no debemos dejarnos seducir por la vida ni por todo cuanto ella encierra.
>
> Por lo demás, ese pintor es tan hábil, que ha pintado las tres substancias con los colores del Sol, de la Luna, de Venus… etcétera, ya blancas, negras o de otros colores distintos, obteniendo con ello el más alto grado de maestría, inalcanzable para nosotros, puesto que en verdad sus colores y pigmentos no están desleídos en la cola o el aceite, como los nuestros, sino que son ligeros como el aire o las sombras, a pesar de lo cual llegan a tener en el hombre vivo la propiedad exacta de su color.
>
> Sólo la muerte puede borrar dichos colores, dando en cambio su pigmento especial, ya que cuando se aposenta en el cuerpo impone su

propio color, desplazando a los colores de la vida. De lo que se colige que la aparición de los colores de la muerte significa justamente la muerte de la enfermedad.

Es preciso pues que conozcáis bien estas dos clases de colores –los de la vida y los de la muerte–. Su comprobación no os significará por sí misma, sin embargo, el menor conocimiento de la enfermedad, de la cual son sólo signos exteriores. La naturaleza de los signos es, en efecto, tan incierta y falsa como lo es la palabra que se escapa de los labios, ya diga una cosa seria o una simple chanza.

8.

La medicina todavía conserva vestigios de antiguas alianzas renacentistas. Los protocolos de autopsia, que suelen ser extremadamente coloristas, señalan a la muerte como integradora de disciplinas aparentemente disímiles, reñidas. La fascinación provocada por las disecciones entre los artistas permitió una contrapartida provechosa para la ciencia: la mirada clínica incorporó algo de la mirada del pintor; y el cadáver, visto a través de los dibujos de Da Vinci o de Vesalio, fue descrito en términos pictóricos.

La teoría del color muestra la notable influencia del arte en la medicina. «El mundo –dirá Paracelso mostrando la raíz alquímica de su saber– posee en sus entrañas diversos metales, es decir, diversas virtudes, mejores en unos sitios y peores en otros, lo cual se encuentra en el hombre de manera semejante. De tal manera que todo aquel que tiene buenos colores lleva en él una buena mina y unos buenos metales, y una mala mina y unos malos metales si por el contrario está mal coloreado».

La paleta del pintor, y no tanto la paleta cromática como la emblemática, será un instrumento clave en la nueva medicina clínica. El decisivo papel del color en la pintura nos remite a través del sentido de la vista al sentido oculto y moral de las cosas. El negro, el verde, el rojo, son signos: no se limitan a expresar exclusivamente una estética. Más allá de su función en lo pictórico, el negro simboliza la Fe, el verde la Esperanza y el rojo la Caridad. Paralelamente el color revela el orden o desorden oculto del cuerpo. O sea, la emblemática del color corresponde a la sintomatología redescubierta por la ciencia.

En la medicina antigua, tan marcada por la teoría humoral, el color era un signo clave. A Diógenes y sus contemporáneos, que lo empleaban como una suerte de arte adivinatorio, les permitía diagnósticos muy rigurosos. «Mucho, en efecto –escribe Galeno en *Sobre los humores*–, discurrieron aquellos varones acerca de los colores, dividiendo también las enfermedades según sus colores, denominando rojizos a los sanguíneos; de ígneo color a aquellos en quienes sobreabunda el humor amargo; negruzcos a aquellos en quienes [sobreabunda el humor] negro; blancuzcos a los flemáticos; y llamando, por estos, rojizas, ígneas, negruzcas y blancuzcas a las enfermedades».

En la paleta del médico los buenos y malos colores denotan salud o dolencias: las *enfermedades materiales* que según Paracelso «se caracterizan porque poseen o modifican el color; ya que las *enfermedades espirituales* no están impregnadas de color material. Aunque su ámbito queda limitado a sólo una de las dos clases de enfermedades reconocidas, el color es sumamente útil en el diagnóstico. Diógenes y sus contemporáneos, como había asegurado Galeno, «confiaron a los colores solos el definitivo diagnóstico de la dolencia». Paracelso no hace sino recuperar esa mirada: «el cuerpo puede adquirir todos los colores, es decir, todas las corrupciones. Y no hay ningún color que no provenga de algún determinado veneno, con lo que pueden constituirse en el indicador preciso de su veneno correspondiente».

La ciencia del color se difundió a tal punto que llegó a formar parte de la sabiduría popular. En el barroco español pintores y médicos no son los únicos que hacen gala de este conocimiento.

Mendigos y pícaros también lo poseen y como engañosa perspectiva de *trompe-l'oeil* lo utilizan para hacer de las suyas. «Demás de esto –leemos en el *Guzmán de Alfarache*–, enseñóme a fingir lepra, hacer llagas, hinchar una pierna, tullir un brazo, teñir el color del rostro, alterar todo el cuerpo, y otros primores curiosos del arte, a fin que no se nos dijese, que pues teníamos fuerzas y salud, que trabajásemos».

9.

Las metáforas del lenguaje cotidiano a veces resultan particularmente sorprendentes y gratas. Cuando se comunica alguna mala noticia por uno de estos pequeños relámpagos, el regocijo que provoca el brío de la palabra anula casi por completo el plomo de la desazón. Hace ya unos años una nueva demora en la publicación de *Cómo escribir con erizo* fue puesta en estos términos: «sólo falta un caballo de ocho páginas». Imaginé algún caballo de Velázquez al cual los pentimentos han regalado unas patas de más; imaginé el caballo de Troya, esa desastrosa piñata de los aqueos, que siempre asoma en unas cuantas páginas. Llegué a sentirme contentísimo de que a un libro mío le faltase un caballo así. Recientemente un mecánico dio con el problema que tenía mi automóvil: «tiene mala la cadena de los tiempos,» me dijo ese monje tibetano. Me dolió menos, mucho menos, pagar los cuatro mil quinientos bolívares que costó la reparación.

Seguramente los estudiantes de medicina han vivido experiencias similares gracias a los tratados de patología, donde muchas páginas parecen robadas de novelas góticas. Brillo, textura, tono, color, matiz, son referencias que con todo lujo de detalles resaltan en la descripción de las vísceras para atenuar los sobresaltos y escozores provocados por imágenes extremadamente desagradables. El tacto y el olfato también participan en el examen pero no se prestan al esfuerzo de sublimación. Por lo menos no tanto como la vista y el paladar. El aprovechamiento del sentido del gusto es frecuente y desconcertante. A la arqueología del sabor la medicina aporta un capítulo extraño y a veces estremecedor: la homologación de asco y apetito, repugnancia y paladar. Hay todo un menú: quistes achocolatados, lesiones frambuesoides, pericarditis de pan y mantequilla.

El papel del arte en la mirada médica, como aún puede comprobarse en la patología clínica y sus minuciosos protocolos de autopsia, se debe fundamentalmente a la necesidad de superar la repugnancia natural que inspiran los cadáveres y las vísceras. Se aprovecha el sentido de la vista debidamente estructurado por la pintura, y hasta el sentido del gusto, para domar el asco y las otras fieras desatadas por el espectáculo de las entrañas y así permitir un examen minucioso y detenido. El arte las encaja en una estética de la fealdad y logra que al menos como representaciones resulten conmovedoras, extrañamente bellas, casi atractivas. Atrévete y verás que aquí también hay proporción y profusión de colores sabiamente combinados. Al fin y al cabo autopsia quiere decir «ver por sí mismo».

10.

Hito fundamental en el desarrollo teórico de la estética de la fealdad, *Laocoonte* fue publicado en 1766, dos años después de la aparición de *Observaciones sobre el sentimiento de lo bello y lo sublime* de Kant y apenas una década después de que Burke afirmara en su *Investigación filosófica* que «todo aquello que de algún modo contribuye a excitar las ideas de dolor, es decir, todo aquello que resulte terrible de alguna manera [...] es fuente de lo sublime». Es parte, pues, de una tendencia general que ya para esa fecha establecía con suficiente precisión un marco más amplio para la estética. El barroco había puesto de moda al cadáver y el romanticismo pondría de moda la descomposición. «En los últimos tiempos –señala Lessing– el arte ha adquirido dominios incomparablemente más vastos. El campo donde se ejerce su imitación se ha extendido a la Naturaleza entera visible, y de esta lo bello es solamente una pequeña parte». Y añade: «La verdad y la expresión, se dice, son la ley suprema del arte; y del mismo modo como la Naturaleza está sacrificando continuamente la belleza en aras de designios más altos, asimismo el artista debe subordinar esta belleza a su plan general, sin buscarla más allá de lo que permiten la verdad y la expresión. En una palabra: la verdad y la expresión transforman la fealdad natural en belleza artística».

Algunos ejemplos citados para sustentar sus argumentos son dramáticas lecciones de anatomía: «Mientras grita, su piel es arrancada de sus miembros y todo él es una pura llaga; la sangre mana por todas partes, los nervios están al descubierto y, sin piel, se agitan temblorosas las venas. Podrías contar las palpitantes entrañas y las brillantes fibras de su pecho». Al comentar este episodio de las *Metamorfosis*, Lessing se pregunta: «Pero ¿quién es el que no siente [...] que la repugnancia está aquí en su lugar? Es lo que convierte a lo terrible en horrendo; y lo horrendo, en la naturaleza misma, cuando logra despertar nuestra compasión, no es algo totalmente desagradable; ¿cuánto menos, pues, en la imitación?»

El suplicio de Marsias encaja perfectamente con lo sublime. Su cadáver también. «Lo mismo ocurre con los cadáveres –decía antes de citar a Ovidio–; el vivo sentimiento de compasión, la espantosa idea de nuestro aniquilamiento son lo que en realidad hacen que para nosotros un cadáver sea un objeto repugnante; en la imitación, en cambio, la convicción que tenemos de que se trata de un engaño le quita a aquella compasión todo lo que tiene de incisivo y cortante».

La estética y la sociedad parecían prepararse así –y no es poco estremecedor recordarlo– para el Reino del Terror. En 1793 la vida literalmente imitaría al arte. Del fervor religioso medieval la política hereda ese año las danzas de la muerte. Purgas y ejecuciones son los nuevos autos sacramentales. Se grita ¡Libertad! ¡Igualdad! ¡Fraternidad! pero se pide más y más sangre. Frases y disfraces. El dogma se llama razón y la consigna teoría; pero el hombre se sigue llamando miedo: retórica y miedo. La guillotina y las modas paralelas de la ruina y el fragmento son consecuencias de un mismo proceso de desintegración que desemboca en lo monstruoso: el collage y el monstruo como collage. La descomposición –de la carne y del lenguaje– es una poética: el punto de partida para la recomposición del cuerpo, la sociedad y la escritura. No es otro el propósito que siglos después, y en una Caracas que a golpe de petróleo dejaba de ser afrancesada, alentaría el célebre *Homenaje a la necrofilia* de Carlos Contramaestre, artista y médico.

11.

Casi tres siglos después de que en 1543 Copérnico aludiera por analogía a un monstruo armado simétricamente de piezas heterogéneas, pero un siglo antes de que se inventara el *cadáver exquisito* mediante la combinación mecánica de las partes de la oración, Mary Shelley combina las del cuerpo para crear su famoso monstruo. La realidad y el lenguaje, como las ruinas y las pesadillas, no son sino *disjecta membra*. «Mi atención –dice Frankenstein– se concentraba en cosas que en su mayoría resultaban insoportables para la delicadeza de los sentimientos humanos. Vi cómo la bella figura del hombre se descomponía convirtiéndose en restos despreciables; vi sustituir el rosado color de las mejillas llenas de vida por la palidez de la muerte, y cómo al fin el gusano heredaba las maravillas del ojo y del cerebro». La moda del suicidio impuesta por Werther es otra manifestación del impulso tanático que llega a popularizarse. «Le daba una especie de sensación voluptuosa

—escribe Karl Philipp Moritz, quien no en vano tenía el vicio de matar moscas–, cuando a menudo, por la noche, antes de dormirse, se representaba vívidamente la disolución y la descomposición de su cuerpo».

12.

Imaginar el cuerpo propio como cadáver; habitarlo como ruina; descomponerlo; recomponerlo en ese nuevo laberinto que es el laboratorio. No hay espejo capaz de medir la distancia entre conciencia y vísceras. Distancia que es indicio de un salto hacia dentro. El monstruo sí puede medirla. A través de él por un instante cesa la separación entre el cielo y el hombre. Relámpagos, truenos, una tormenta eléctrica reanima los miembros cosidos de varios cadáveres y el monstruo despierta, vive. Literalmente asistimos al encuentro de un paraguas y una máquina de coser sobre una mesa de operaciones. El laboratorio de Frankenstein es una catedral; su techo es una bóveda y nuevamente se acerca la mano de Dios a la de Adán. Esa prosa es de Miguel Ángel. Y de Lautréamont, por supuesto.

13.

Al representar el cuerpo, Leonardo seguía las nociones fundamentales de proporción y medida, como testimonia el dibujo donde siguiendo a Vitruvio lo enmarca en un cuadrado y un círculo; pero se inclinó decisivamente por cuestiones ajenas al plano: la anatomía, que es profundidad, constituye la horizontal y la vertical. Era, la suya, una lectura visceral de la geometría. Según Leonardo, no había verdadero arte sin ciencia; y su arte, o sea habilidad, capacidad artesanal, que era el sentido del término en la época, se basaba en minuciosas exploraciones del cuerpo.

Durero también insiste en una necesaria alianza entre arte y ciencia. Pero la suya es una lectura euclidiana de la anatomía. Hay fundamentos geométricos en su acercamiento al cuerpo humano tanto como al cuerpo de las letras. En 1525 publica un tratado de geometría aplicada: *Arte de la medición*. *De la simetría del cuerpo humano*, publicado en Nuremberg en 1528, y *De la justa formación de las letras*, de 1535, son ejemplos de esta mirada que en el fondo resulta arquitectónica. El error de ciertos pintores, asegura en su manual sobre el alfabeto, «es que no han aprendido geometría, sin la cual nadie puede ser ni convertirse en un artista absoluto». Este sistema caligráfico para inscripciones antecede al Método Palmer por unos cuantos siglos pero literalmente ni es ni puede ser un Método Palmer *avant la lettre*. El texto todo está escrito al pie de la letra. Es el pie de la letra. El texto: la letra. ¿Qué sino *textur* es la minúscula gótica que Durero enseña a trazar partiendo de la *i*? Fálica, generadora, la *i* que por su aspecto tanto como por su función recuerda a la columna dórica, es el punto de partida del gótico en minúscula.

Si trazar una letra perfectamente es tan difícil que de entrada exige conocimientos de geometría, ¿qué grado de dificultad no plantearán el dibujo, el grabado, la pintura? La respuesta, como la defensa que hace Leonardo del dibujo anatómico, entraña un desafío a los artistas incapaces del absoluto. Ciencia del arte y arte de la ciencia: sin abstracciones ni vísceras, sin geometría ni anatomía, no es posible representar la figura humana. Hay en el siglo XVI, como fruto de la globalidad del saber ya geográficamente realizada, una nueva e insaciable cultura.

14.

En una conferencia dictada durante el congreso médico celebrado en Saint Louis en 1904 y publicada en Londres un año después por MacMillan –*The Historical Relations of Medicine and Surgery to the End of the Sixteenth Century*–, Thomas Clifford Allbutt recuerda una observación del profesor Waldstein: la agudeza de la antigüedad clásica no era exclusivamente cerebral. Era, además, visual. El conocimiento anatómico no se da entonces entre filósofos y médicos solamente. Se da asimismo entre los escultores. Así la anatomía clínica de la época de Pericles, es decir la anatomía de las partes palpables del cuerpo, sobrevive a través del arte: un músculo de la ingle muy desarrollado por los atletas griegos, que durante siglos pasó desapercibido por los anatomistas, aparece en mármoles del siglo v.

15.

Con Leonardo y Miguel Ángel los contornos, matices y sinuosidades del paisaje, que suelen servir de fondo al retrato, pasan a primer plano. Ambos son paisajistas del cuerpo. En Miguel Ángel, que lo muestra en poses reveladoras de conflictos interiores, los músculos –tensos, macizos– le dan a la figura un ritmo fluvial y simultáneamente un aspecto pétreo. Paisaje hecho a la medida del hombre, el cuerpo puede ser río y puede ser piedra: los músculos crean ondulaciones en la piel y sus contracciones son geológicas. Un retrato es también un mapa, donde lo topográfico no revela detalles de superficie tanto como insinuaciones de profundidad.

El cuerpo es una traducción del espíritu, como había asegurado Paracelso. Así en el *San Jerónimo* de Leonardo se pone de manifiesto la agonía del alma, que parece concentrarse hasta hacerse visible allí donde la carne –casi desamparada por el esqueleto– es más vulnerable. «Y quien contemplaba con atención la depresión del cuello –leemos en Vasari acerca de la Mona Lisa–, veía latir las venas». ¿Se recordaría en esta observación un tópico de la poesía de la época: el cuello de garza? Al ver la imagen se lee un poema y una radiografía. La agonía de San Jerónimo y la placidez de la Gioconda no se cifran difusamente en el cuerpo sino concretamente en sus partes. Mediante esta especie de sinécdoque visual el detalle no sólo traduce al total sino que al hacerlo lo alza y lo expone a flor de piel. «No se puede amar el alma sin amar el cuerpo». La palabra empleada por Paracelso –alma– llega a nosotros empobrecida por la jerga psicológica de nuestros días. Los latinos distinguían entre *animus, anima, mens, spiritus, intellectus* y *ratio*. Menos mal que los pintores han podido obviar el desgaste. Gracias a sus imágenes todavía se ve eso que ahora llamamos alma en el paisaje vivo y palpitante de la carne. Sobre una tela y siglos después de su muerte laten las venas de la Gioconda. La carne no necesita resucitar: no muere. ¿Quién no es capaz de creer esa mentira?

Caracas, 31 de octubre 1989

La ciencia cursi

Lo que tienta de la carne es la superficie, no su laberinto. La piel, el rostro, los labios, los ojos como umbrales decisivos de la entrega: el rubor, la palabra, la mirada, el beso; los senos como nubes distraídas por la respiración entrecortada que lanza esos dados a la caricia; los pies, como los senos, insinuando en apretados intersticios la gloria casi eterna, y transformándose para acercarnos a ella celestiales en pantorrillas y muslos, seda sobre seda escalonada hacia el pubis donde todo comienza y todo acaba. Ahí los vellos ensortijados hacen perder la cabeza al más cuerdo, y hasta la copiosa cabellera de repente llega a parecer axiomática y segunda porque lo que allá ocultaba un casco impenetrable acá disimula acogedoras grietas, anillos de oro y cornalina tallada en hueco. La profundidad del cuerpo deseado está a flor de piel, aun en los portales húmedos como puentes sobre río revuelto.

Es por ello que la Iglesia Católica, Apostólica y Romana incurre en una contradicción: terminantemente prohibidos, los ejercicios anatómicos son incorporados a los espirituales. El cuerpo es sólo disfraz del alma. Debe ser reducido a esa profundidad última, que lo resiente y lo niega. La única disección aceptable —extrema— tiene que borrarlo como estorbo del alma, como objeto de deseos y cuna de pecados. Los ejercicios espirituales pretenden arrancarlos de raíz, quitándole la superficie al cuerpo, desollándolo para mostrarlo como abismo. Imagínense, muchachos, a esa hembra que tanto desean. Mírenla detenidamente y desnúdenla en la lujuriosa recámara de la imaginación. ¿La ven? ¿Les provoca? Desnúdenla a fondo. Arránquenle la piel, cálida y rosada geometría de curvas atrayentes. No sean cobardes, no cierren los ojos. Quítenle ahora la carnaza, capa tras capa, fuera los músculos, los tejidos adiposos, los cartílagos, las membranas, las costillas que tiempo atrás fueron sólo de Adán. Sigan hasta llegar a las vísceras multicolores y afiebradas. ¿Quieren besar el corazón, más rojo que los labios? ¿O acariciar el hígado, rojo oscuro y liso como la piel? ¿O los intestinos, enrollados infinitos? La profundidad repulsiva borra a la superficie deseada. La tentación de la carne, volcada excesivamente hacia lo visceral, se rinde a la abstinencia. La atracción se ha vuelto espanto. Los ojos que admiran la belleza, los oídos embelesados que la escuchan, las manos que sueñan acariciarla, el olfato que busca su aliento, la lengua que desespera por saborearla, todo renuncia al placer. Hasta aquello, degradado de pene a penitente, se arrodilla y reza. Por un instante al menos los pecadores se ven en el espejo de Ramón Llull, quien, se cuenta, atraído por una mujer bellísima la sigue en vano hasta una iglesia donde ella para colmo le muestra sus senos cancerosos.

Las intimidades últimas del cuerpo no suscitan el deseo: lo sofocan. Los ejercicios espirituales son una pornografía al revés. Un ver y no tocar que cala con su hielo hasta los huesos. Así también las teatros de anatomía italianos del siglo XVI, fríos sucedáneos del antiguo circo romano, son el reverso de los salones franceses del siglo XVIII. Disyuntivas extremas: disección y seducción. El cirujano sustituye al gladiador en el espectáculo sangriento cuyo punto de partida es ahora la muerte: rige la mano diestra, no el puño exaltado; y la aventura galante se cumple en la horizontalidad gracias a la chispa de la conversación: la lengua pone al cuerpo al alcance de la mano. Pero en el camino se cruzan y entrecruzan mil excesos. La ciencia despierta nuevos oficios y una literatura sorprendente: no se violan las tumbas para robar las joyas del cadáver sino para violarlo, o para llevárselo como una joya a un laboratorio secreto. El ladrón de tumbas es un robacorazones. O cómplice horrorizado de un robacorazones. Anticlerical en su raíz, el romanticismo apuesta contra la estrategia de la iglesia, confesando en sus propuestas góticas una atracción por la muerte y las vísceras. Los poetas se inspirarán al pie de las sepulturas o en las morgues. Habrá poesía de velorio y novela de ultratumba: *La amada inmóvil* de Nervo es una odalisca comparada con la amada Filis de Tediato, protagonista de *Noches lúgubres*. Despedazado, el cuerpo del hombre se reintegrará a través de una mujer que creía en el todo como irrepetible suma de las partes. Frankenstein es Osiris soñado por una inglesa del siglo XIX, Mrs. Shelley, Isis Shelley. La mujer buscada y rebuscada y hasta rescabucheada se rebela; ahora es ella quien busca, vivo o muerto, al hombre y su decimocuarto trozo: el desaparecido falo de sicomoro.

Anoche releí las tres noches lúgubres de Cadalso. Si por casualidad alguien en esta apartada orilla quiere revivir las tres en una sin párpado de por medio recomiendo una versión ligera y bailable. No una simple edición de bolsillo sino una laberíntica edición de oreja: *Boda macabra*, del trovador venezolano Andrés Cisneros. Es lo que yo mismo haré la próxima vez que se me ocurra condenarme a Cadalso: escucharé el bolero de Cisneros, cantado por él, que sabe acompañarse por los bordones de su guitarra. Un viejo enterrador que quizá se llame Lorenzo, como el de las tres noches, narra la historia de «un amante a quien la suerte impía / su dulce bien le arrebató la Parca». No contento con visitar noche tras noche su tumba, «cavó la tierra y se llevó en sus brazos / el rígido esqueleto de la amada». Con esmero cuida los «desnudos huesos», el «yerto cráneo», la «horrible boca», toda la anatomía disponible para «celebrar su boda con la muerta» a la escasa luz de un «cirio fúnebre» y una «llama incierta». Luego «para siempre se quedó dormido / al rígido esqueleto abrazado». En pocos minutos el imitador del imitador de Young logra una síntesis de ambos. Todo el aparato de la muerte en unos pocos acordes de guitarra y un relato difícilmente olvidado. Valdés Leal y Goya para ciegos de oído: ni en Braille ni en balde: en baile. Así, al mover nuestro esqueleto, podemos soñar que la muerte nos entra por una oreja y nos sale por la otra.

De norte a sur, América le canta a lo macabro. «Si tú mueres primero yo te prometo / sobre de tu cadáver dejar caer / todo el llanto». En el tango y el corrido Eros y Tanatos son inseparables. «El día en que a mí me maten / que sea de cuatro balazos, / y estar cerquita de ti, / para morir en tus brazos. / Ay, ay, corazón, ¿por qué no amas?». A veces se canta un protocolo de autopsia: «El día que la mataron / Rosita estaba de suerte. / De tres tiros que le dieron / sólo uno era de muerte». O una radiografía con su respectivo diagnóstico, como en un movido son cubano, *El paralítico*: «Veinte años en su término / se encontraba paralítico / y le dijo un hombre místico / que se extirpara el trigémino. / Suelta la muleta y el bastón / y podrás bailar el son». En Cuba Foucault no hubiera hecho una arqueología de la mirada médica sino del médico como oidor. El baile como clínica. Braille para perderse en la noche del trópico. Tacto para piel canela y negra con tumbao. En la farmacopea popular no se utilizan recetas sino pregones: «Si tu marido es sencillo –canta el vendedor de hojas para baño– y quieres se ponga bueno, / báñalo con platanillo, / que se pone como un trueno».

Eros y Tanatos, inseparable pareja de baile, demuestran lo frágiles que son las fronteras entre vida y muerte, música y literatura, lo popular y lo culto, la ciencia y lo cursi. Dos grandes soneros de la literatura cubana cruzan al Trío Matamoros y a Maurice Ravel en *De donde son los cantantes* y *La Habana para un infante difunto*. La tradición popular y musical se desquita a través de Agustín Lara. En *Santa* el bolero no es de Ravel sino de Federico Gamboa y su novela homónima. Shakespeare, precursor de mariachis, parecerá traducción de una tonada mexicana al oído incauto y al ojo virgen. Tanto el soneto LXXXVIII como el LXXXIX caballerosamente cargan con la culpa ajena: «Say that thou didst forsake me for some fault,/ And I will comment upon that offence ..». es una versión poco conocida de «Échame a mí la culpa de lo que pasa./ Cúbrete tú la espalda con mi dolor ..». Si dejamos correr la cinta un poco más, se impone la nota propiamente nuestra: «y allá en el otro mundo/ que en vez de infierno encuentres gloria/ y que una nube de tu memoria/ me borre a mí». Sin embargo, para una apoteosis de lo cursi capaz de ruborizar a Eros y a Tanatos al rojo labio, hay que darle un vistazo a la *Anatomía lírica* de Fernando Cesteros. Es la *Lección de anatomía del Profesor Nicolaes Pieterz Tulp* vertida del óleo de Rembrandt a la tinta de un pulpo nada minoico. Un estudiante de medicina se enamora de una muerta «rebosante/ de juventud espléndida y radiosa,/ desnuda como Venus, deslumbrante/ y suave como un pétalo de rosa». Por supuesto, no puede cortar el fémur «con firme pulso», como le pide el profesor; ni mucho menos tolerar que «con mano impura» alguien pretenda «descubrir lo oculto». Total y colmo: la maja desnuda pero fría le sonríe al cortés que no cortante caballero. Agradecida, seguramente. O a punto de guiñar el ojo. Los ejercicios espirituales no siempre desaniman. A veces, Loyola, animan hasta a los muertos.

Caracas, 23 de mayo 1992

Yo, pecador

1.

En los ritos funerarios de la antigüedad se revela el horror a la muerte y a su apiñado reino escondido. Los judíos enterraban rápidamente el cadáver. Los griegos, como los hindúes, lo quemaban. Los egipcios lo momificaban. Todos buscaban, con sus respuestas rituales, atajar la putrefacción, matar la muerte, ocultando las vísceras, enterrándolas, quemándolas, o colocándolas en vasijas que cerca del cuerpo, pero no dentro, lo acompañan en su largo y accidentado viaje a la eternidad. Porque es en ellas donde primero se manifiesta de lleno la precariedad de la existencia. Es ahí donde el tiempo ya agotado concluye su obra desastrosa consumiendo los restos, las sobras.

Las más tempranas formas de arte no evitaron las entrañas: hay tanto cazadores como animales eviscerados en la pintura rupestre. Pero fundamentalmente se dieron sobre la piel y los huesos, o sea sobre la corteza y el tuétano del cuerpo. Su membrana exterior y su armazón secreta. El tatuaje ha dejado huellas indelebles en la piel momificada: un amago de escritura como puente entre vida y muerte. Los huesos también han sido tallados, marcados con incisiones o glifos que así los convertían en antecedentes de la mallarmeana página en blanco. Recordar aquí una metáfora: el hueso como leche petrificada, resulta estremecedor. ¿Qué se buscaba al volcar algún balbuceo del lenguaje en los huesos? ¿Acaso se pretendía hallar de nuevo, y para siempre, el pezón? No hay que ver en la escritura sobre hueso sólo una variante de la glíptica. Es evidente la analogía con la piedra. Pero esta materia, tan láctea como pétrea en sus lazos, quizá ofrezca otro consuelo al cargarse de signos: lo epitáfico en ella sería una primera sílaba. O calostro. En las antiguas flautas de fémur el soplido es un equivalente invertido de la succión.

Se pudiera pensar que las vísceras, expuestas en dibujos anatómicos sólo desde las postrimerías del siglo xv, fueron necesariamente ajenas o reacias a estas tempranas insinuaciones del arte. No así. Ellas también apoyaron la búsqueda de trascendencia. Tal vez porque manifestaban con mayor virulencia el tiempo inasible, fugaz, que desaparecía, el augur las utilizó para leer el futuro. Nada menos. El detalle no debe pasar inadvertido: no había que escribir sobre las vísceras. Había que leerlas, pues de hecho eran escritura. Mucho antes que los libros sagrados las entrañas acogieron el vertiginoso lenguaje de las profecías.

2.

«El primero que comparó la pintura y la poesía fue un hombre de gusto refinado que sintió que las dos artes ejercían sobre él un efecto parecido. Se daba cuenta de que tanto la una como la otra ponen ante nosotros cosas ausentes como si estuvieran presentes, nos muestran la apariencia como si fuera realidad; ambas engañan y su engaño nos place». Estas líneas iniciales del *Laocoonte*, que captan la esencia del «amante de las artes», parecen escritas por San Agustín. De hecho empalman perfectamente con líneas similares de las *Confesiones*. Sólo que el santo no oculta la perturbadora raíz cristiana de ese placer morboso. «¿Por qué será el hombre tan amigo de ir al teatro para sufrir allí de lutos y tragedias que por ningún motivo querría tener en su propia vida? Lo cierto es que le encantan los espectáculos que lo hacen sufrir, y que se goza en este sufrimiento [...] Y si tales calamidades, o realmente sucedidas antaño o meramente fingidas ahora no lo hacen sufrir lo suficiente, sale del teatro fastidiado y criticando; al paso que si sufre mucho se mantiene atento y goza llorando».

Y es que para San Agustín «no hay alegría verdaderamente grande sin el preludio de algún grave sufrimiento». Escueta dialéctica que resume a la escatología cristiana: al pecado lo sucede la redención; a una vida condenada a muerte por las miserias físicas y espirituales, la resurrección y la gloria eterna. Sometiéndose a engaños y desengaños, a excesos y privaciones, el yo pecador y penitente instintivamente busca la salvación. «Y es claro que los contentamientos naturales de la vida humana los consiguen los hombres no solamente a través de molestias inopinadas y repentinas, sino también por medio de sufrimientos deliberadamente buscados». Los ejemplos, tomados de la cotidianidad y muy en particular de los placeres sensuales más conspicuos, apuntan al argumento de fondo. «Porque el placer de la comida y la bebida no se daría si antes no vinieran el hambre y la sed; hasta el punto de que muchos bebedores, comiendo cosas saladas se provocan una sed que calma luego placenteramente la bebida. ¿Y quién ignora la costumbre corriente de que las esposas no se entreguen inmediatamente después del matrimonio? Pues no convendría que el hombre sintiera poco interés en recibir de inmediato como marido a la mujer por la cual no hubiera largamente suspirado como desposado que aguarda».

Ese ser que crea sus propias trampas, que se ejercita como un atleta para dar el traspié que lo derrumba, pero como si intuyera que podrá levantarse de nuevo, que hallará una salida, es el hombre d.C. Es el propio San Agustín. Somos nosotros mismos. Las cosas no han cambiado mucho desde los albores de la nueva era. Sólo que a lo largo de dos milenios la tragedia se ha convertido en folletín y telenovela. Una degradación paulatina pero rigurosamente lógica dada la cambiante naturaleza del auditorio. Tantos siglos de cristianismo no pasan en vano. Según Nietzsche la cruz ha sido una incesante conspiración contra la salud, la valentía, la hermosura: «La obstinación cristiana en representarse el mundo feo y malo ha vuelto efectivamente malo y feo al mundo». Rezar ante un dios moribundo nos ha hecho ver una cruz en la verdad y en el valor, hasta en la belleza. Hemos cultivado una mirada y una perspectiva, un gusto diría, que nos permite contemplar –y disfrutar– el inoído pero horrible *Grito* de Munch. Somos capaces de gritar y hasta de confesar para ocultarnos. Podemos torcer la mirada para ver a los jorobados, escribir oscuro para los ciegos y hablar sin voz para los mudos. Somos dúctiles y –ahora– posmodernos.

3.

Vamos a acercarnos a una escena relatada por San Agustín. No la toma del teatro clásico sino de la vida callejera. «¿Qué placer puede darse en la vista de un cadáver destrozado, que inspira horror? Y sin embargo cuando hay un cadáver por ahí tirado las gentes se congregan para palidecer y contristarse. Y luego temen volver a verlo durante el sueño, como si alguien los hubiera obligado a verlo cuando estaban despiertos, o como si hubieran ido a verlo atraídos por alguna fama de su hermosura». Hay un saldo mágico del asco y el horror despertados por el morbo de la curiosidad: el cadáver, los monstruos, los fenómenos dispares e inexplicables de la naturaleza, al parecer obligan a inventar respuestas, siendo una de ellas, y la más tremenda sin duda, la religión. O el arte. Pero a veces hay también un saldo práctico. Ese mismo cadáver, esos mismos monstruos, obligan a buscar respuestas. Del morbo de la curiosidad, entonces, nacen la filosofía, la ciencia, la investigación. De Aristóteles a Lessing, pasando por San Agustín, vemos cómo la fealdad de la naturaleza rinde frutos nada desdeñables. Volvamos al cadáver tirado en la calle. ¿Acaso de ahí, de eso que va irremediablemente hacia la putrefacción, se puede levantar un saber perdurable, que nos colme de satisfacción y hasta de placer? La disección y el dibujo anatómico, la investigación médica y el engaño artístico, coronan esfuerzos casi instintivos por domesticar las fieras del asco. Se trata, en ambos casos, de buscar vida en el cadáver. Futuro en lo putrefacto. Estos propósitos, cuyos orígenes evidencian una mal disimulada desesperación, poco a poco se constituyeron en disciplinas.

4.

Teatro dentro del teatro: siguen tres escenas adicionales donde el cadáver, protagonista aleccionador y póstumo, ocupa el centro de las tablas para descentrar y en un caso literalmente desorbitar la mirada. Las variadas reacciones que provoca nos asoman, atónitos o desconcertados, a la filosofía, la mimesis, la abstracción, el engaño, el duelo, la ciencia, la mística…

En el cuarto capítulo de su *Poética*, Aristóteles comenta el natural deleite ante las obras de imitación. Aunque los objetos en sí sean hirientes para la vista, nos encanta contemplarlos como obras de arte. Así transformados mediante la representación realista proporcionan una doble satisfacción: facilitan un aprendizaje acerca de lo imitado y causan admiración por la maestría con que han sido imitados. El filósofo señala, como cosas desagradables que pueden ser provechosamente representadas, las bestias y los cadáveres. Lessing se acerca a ese cadáver hipotético reseñado en la *Poética* para analizar la fealdad de las formas que no obstante pueden producir un agrado en la contemplación. Acepta con notable reticencia la noción de aprendizaje señalada por el filósofo como primera causa de deleite: «El goce que surge de la satisfacción de nuestros deseos de saber —escribe en el Capítulo XXIV al repasar el uso de la fealdad de las formas en la pintura— es un goce momentáneo y sólo accidental al objeto en que esta curiosidad se satisface; en cambio, el desagrado que acompaña a la contemplación de la fealdad es permanente y esencial al objeto que lo suscita». Acepta también, pero con igual reticencia, la otra causa de deleite apuntada por Aristóteles: «No queremos ver a Tersites, ni en la realidad ni en el cuadro; y si su retrato nos desagrada menos no es porque en la imitación la fealdad de sus formas deje de ser fealdad, sino porque poseemos la capacidad de hacer abstracción de esta fealdad y de limitarnos a gozar del arte del pintor. Sin embargo, incluso este goce se ve interrumpido a cada momento por reflexiones en torno al mal empleo del arte, reflexiones que no pocas veces comportan una menor estima del artista». Lejos de toda noción de aprendizaje, para Lessing lo atractivo de la imitación radica en el engaño. «Las bestias feroces inspiran terror aunque no sean feas; y es este terror, no la fealdad que puedan o no tener, lo que por medio de la imitación puede transformarse en sensación agradable». El terror, en la teatralidad innocua de la mimesis, puede resultar placentero. Así también, al copiar el cadáver, la pintura aleja, casi exorciza, su asqueante y terrible realidad. El engaño de la representación nos inmuniza del espanto que podríamos sentir si la copia del cadáver se volcara ante nosotros como un espejo: «el vivo sentimiento de compasión, la espantosa idea de nuestro aniquilamiento son lo que en realidad hacen que para nosotros un cadáver sea un objeto repugnante; en la imitación, en cambio, la convicción que tenemos de que se trata de un engaño le quita a aquella compasión todo lo que tiene de incisivo y cortante». El tratadista de estética da una vuelta de tuerca a las nociones de sufrimiento y aprendizaje heredadas del santo y el filósofo. Antepone lo verosímil a lo verdadero, la búsqueda a la certeza. No se siente cautivado por el saber ni el sufrir. No lo seduce la razón ni la fe sino la díscola y detractora ironía. Se asiste a la representación, la del cuadro o las tablas, todas de bastidores, para sufrir un engaño.

El filósofo autodidacto, de Ibn Tufayl, célebre médico de cámara del califa almohade de Marrakech y antecesor en ese cargo del cordobés Averroes, es reconocida como una de las dos obras maestras de la prosa arábigo-andaluza. La otra, de mayor divulgación, es *El collar de la paloma* de Ibn Hazm. **Bildungsroman** del siglo XII, en esta Epístola sobre los secretos de la sabiduría oriental, como reza el título original, se traza el desarrollo moral e intelectual de Hayy ibn Yaqzân. Un caso fuera de serie. Desde siempre, y aún antes, Hayy lleva la vida de «buen salvaje» o Robinson Crusoe en una isla desierta donde se nace sin padre ni madre ni París ni cigüeña. Cuento a ras del cuento. Piadoso velo de la novela piadosa que da inicio a esa sabia síntesis de filosofía y mística que es la obra de Ibn Tufayl, y a la penosa vida de Hayy, síntesis algo menos sabia de una princesa y el complaciente vecino que con su reiterada aprobación la deshonra. Arrojado al agua maternalmente desde la isla del pecado, gracias a una ola suficientemente impetuosa Hayy llega como anacrónico balsero o renovado Moisés impermeable a esa otra isla donde nadie lo ha engendrado ni parido. Allí lo cría, no una loba, una gacela: madre, madrastra y nodriza que envejece, enferma y muere, para asombro de Hayy, a quien vemos durante varios capítulos contemplando y luego examinando el cadáver. En esos capítulos asistimos por parábola al nacimiento simultáneo de la ciencia y la mística. Hayy quería descubrir el lugar donde radicaba el mal que aquejaba a su madre exánime, para extirparlo, para curarla. Lo que sigue es una minuciosa disección. Una lección de anatomía del profesor Tulp cinco siglos antes de que existieran Tulp o Rembrandt, su magistral retratista. Una incisión por las costillas lleva a la pleura, al pulmón, y finalmente al corazón, cuya formación ya había sido descrita por Ibn Tufayl: «El primero de estos tres departamentos de arcilla fermentada, una vez que se le unió el espíritu y se desarrolló su calor, tomó la figura cónica del fuego; el cuerpo denso que lo rodeaba, la tomó también, y vino a ser una carne dura, por encima de la cual se formó una envoltura membranácea que la protegía. La totalidad de este órgano se llamó corazón». El encarnado cono de fuego abierto con creciente angustia por Hayy estaba vacío. El ser que habitaba en él, y que mantenía vivo al cuerpo, se había marchado. Se despierta en el protagonista un desprecio por el cadáver, cuyos olores pestilentes lo obligan a enterrarlo; y una admiración por el ser que había gobernado y luego abandonado la materia que por algún motivo se le había vuelto odiosa. Pero la curiosidad supera al asco. Proceden muchas otras disecciones y vivisecciones de animales. Así descubre el resto de los órganos, los tejidos y sus funciones, la capacidad receptora y comunicante de los nervios, que son los instrumentos del alma. Entre la anatomía, la fisiología y la mística no hay solución de continuidad. Más que ciencias paralelas son artes gemelas.

Al enfocar el cadáver Paracelso literalmente desorbita la mirada. La suya y la nuestra. Critica las disecciones que se empezaban a practicar en su época porque los médicos no sabían qué buscar en los órganos que tasajeaban. Y por supuesto no veían nada. El hombre es un microcosmo. Bajo la piel encierra un firmamento: un «cielo endosomático». Los órganos tienen correlaciones cósmicas. Hay estrellas en el cuerpo. La anatomía y la astronomía –más bien la astrología– son ramas paralelas del saber, pues el cuerpo es el equivalente corpóreo del cielo, que está por encima y por debajo de la piel, dentro y fuera de su órbita. Se deben examinar en el cadáver los restos de la luz natural, es decir, el cadáver de la luz, el cielo muerto. Aquí las metáforas –aquello de que sangra el ocaso, por ejemplo– resultan asombrosamente literales. Paracelso parece un sacerdote azteca. Podía hacer una disección de la noche estrellada y ver constelaciones en el paciente hígado o los impacientes pulmones. Otros sufren ante el cadáver, o lo aprovechan para un aprendizaje o una reproducción agradable por engañosa. El va más allá: ve más allá. Nunca lo dice pero evidentemente ese «cielo endosomático» abismado en el cuerpo algo tiene que ver con el Verbo encarnado, la altura que se vuelve carne y hueso y luego pan y vino y luz y verdad y vida. Vivir es una diaria resurrección. Lo mismo que sanar o morir. Se le puede quitar la fealdad a las vísceras en un dibujo, a tal punto, como lo logra Da Vinci, que en vez de repulsión provocan un raro hechizo. Se las puede utilizar para leer el futuro o para estudiar en la muerte el misterio de la vida. Paracelso no es la negación de ninguna de estas posibilidades. El ni embellece ni enseña ni engaña: enaltece. El hombre está lleno de astros y de dioses. Las vísceras son planetarias y divinas. Pueden ser clavadas en una cruz y colocadas en un altar. El saber de Aristóteles, el sufrimiento de San Agustín, el desprecio de Hayy y el engaño de Lessing, ante el cadáver de la luz, cobran otro sentido. Tan relampagueante como enaltecido.

5.

«¿Qué placer puede darse en la vista de un cadáver destrozado, que inspira horror?». El santo ha dado una respuesta: el sufrimiento. Nos gustan los espectáculos que nos hacen sufrir, como la tragedia. Pero esa respuesta, recogida en el Capítulo II, «La pasión del teatro», nos deja perplejos e insatisfechos. ¿Acaso no era el sufrimiento de un ser inocente juzgado, torturado, condenado y luego crucificado y coronado de espinas, la raíz de esa nueva religión a la cual Agustín se había convertido? ¿Y no constituía la contemplación del agonizante y luego de ese muestrario de magulladuras, contusiones, punzadas y heridas que era su cadáver, el centro del nuevo culto? De la pasión del teatro al teatro de la pasión: la cruz, la crucifixión, la agonía, la muerte, la contemplación de un cadáver, escenas que se repetirán millones de veces y que de hecho desencadenan los grandes ritos y misterios de la nueva religión. La misa recapitula como sacrificio esa tragedia; y nos obliga a participar en ella espiritual y materialmente, de una forma verdaderamente dramática: nos comemos a ese Dios, nos cebamos en su sufrimiento. Somos los clavos que lo sujetan y las espinas que con tanto escarnio lo coronan. Pero sólo para mejor sufrir con Él. O en la expresión del santo: para «gozar llorando». Pues así, en el sentido prístino de la palabra, nosotros también somos mártires, que es sinónimo de testigos. Imitamos al Cristo como lo hicieran antaño miles de mártires. Queremos ser, por así decirlo, cardenales de su cadáver.

El cristianismo ha sido una inagotable y convincente metáfora de la fealdad. Una tragedia montada y perpetuada a través de los siglos a partir de la tremebunda escena del Gólgota. Una tunda continua y también una tanda continua. Más que aquel «cadáver por ahí tirado» que nos enseña el santo, más que ningún otro cadáver, nos atrae ese que fue tirado en la cruz como un patético rey sobre su trono. Ha sido contemplado sin parpadeos millones de veces. Está presente siempre —en su cruz— sobre el altar. Y en la hostia. Y en el vino. Su ejemplo llevó al martirio a miles de cristianos, expuestos a veces como cuadros vivientes en el circo, esa galería donde se les desgarraba, evisceraba, devoraba. Sufre y nos hace sufrir. Y gozar. Se hizo nuestra religión y nuestro arte. El vía crucis, el Gólgota, redivivos en el circo y luego aún más siniestramente en las hogueras de la Inquisición, pasaron a nuestras paredes, se convirtieron en nuestras paredes, en nuestra piel. El sufrimiento está presente en todo.

Cristo es nuestro arte y la cruz su museo a la medida. Aun cuando nos da el perdón y la vida, aun cuando mata la muerte del pecado a través de la comunión, lo vemos roto, descuartizado, en la hostia que el sacerdote parte en tres católicos o cuatro bizantinos pedazos. Este momento de la liturgia, conocido como *fractio*, subraya que alimentaremos nuestro cuerpo destruyendo el cuerpo de Dios; y aunque Él lo haya autorizado, aunque Él mismo se destruya para alimentarnos, no tarda como aguijón la culpa, la misma que nos obligó a la confesión y a esa comunión que nos condena. Y si de tanto identificarnos con Él sentimos por un instante que somos una misma cosa, una misma carne en carne viva, entonces nos vemos en el espejo de Erisicton, cuya hambre insaciable lo llevó a desgarrar sus propios miembros con sus dientes. Somos pedazos de un dios despedazado. Fractio: el moderno culto a la ruina, al fragmento, a lo incompleto, a lo abandonado, que atribuimos al romanticismo, viene de un antiguo desgarrón. Y si es cierto, como sugiere Pater, que para Miguel Ángel lo incompleto era un equivalente del color en la escultura, esas figuras como atrapadas en el mármol afirman que nacen del mármol, que son piedra. No es poca cosa si pensamos que hemos sido separados de la naturaleza y de nuestra propia naturaleza. Nos modelamos en un dios que es sufrimiento y negación del instinto. Somos naturalezas muertas.

6.

El pecado, que es nuestra fealdad y nuestra muerte moral, nuestra putrefacción en vida, nos ha proporcionado una forma singular de martirizarnos como testigos asqueados de nuestra corrupción. Nadie tiene que torturarnos para que confesemos. Nosotros mismos lo haremos a cada rato para arrancarnos de cuajo la culpa. Cirugía psíquica y disección. Nos abrimos, cadaverizados por el pecado, muertos en vida, para mostrarnos visceralmente, para extirpar el mal y así resucitar. Hay que bautizarse, confesarse, comulgar, vivir de rodillas para matar un poco de muerte y así acumularla de nuevo. Hay que vivir sólo para morir más y más. Exorcismo del diablo que somos, que hemos sido, que sin remedio volveremos a ser. Porque el alma nunca dejará de estar sucia: es de fango. Codificada rigurosamente en los ejercicios espirituales, esa orgía de sufrimiento; disimulada por el laicismo científico en el psicoanálisis, la confesión es nuestra cotidiana convivencia con la fealdad. El yo se hincha con su congénita maldad y goza llorando. Goza sufriendo en una íntima pero inmensa sala de espejos donde se ve deformado, hipertrofiado, devorado por su propia imagen. «El pecado, tal como hoy se considera —escribe Nietzsche como si adivinara a Freud—, donde quiera que ha dominado o domina el cristianismo, es un sentimiento judío y una invención judía».

Es inmensa la zanja entre la confesión cristiana y la socrática. La mayéutica ni condena ni encadena: ayuda a que nazcan las ideas, libera. Es el arte de partear. El maestro, como un torturador cariñoso, arrincona al discípulo, o al sofista, por medio de preguntas formuladas cada vez con mayor precisión e ironía. Lo hace para que al fin, arrancada la confesión, su víctima de inmediato comience a liberarse de la tiniebla, y a salvarse, con un simple pero decisivo no sé. El pecado era entonces la ignorancia y sobre todo las mil y una formas a veces arrogantes y jactanciosas de ignorar la ignorancia. A golpe de preguntas Sócrates cincela a los discípulos, les da forma. Es Praxíteles, o Fidias, un creador de belleza, de perfección. No un constructor de ruinas. Tú sí sabes, nos dice la culpa, nuestro Sócrates, que no es obstetra sino juez, que no es griego sino francés y se llama Sade. Mírate bien: córtate, disécate, confiesa, sufre, que te castigaré para que puedas gozar llorando. Al Dios que al ofrecernos vino nos dijo: bebe, que esta es mi sangre; y que al ofrecernos pan nos dijo: come, que este es mi cuerpo, tenemos que pagarle, como aztecas, con sangre, con vísceras. Agustín, cuando ya no oculta nada, se arrancará el corazón del pecho para ofrecérselo al cielo: «Este es, señor, mi corazón». *Sursum corda*.

7.

«Paso a paso —seguimos a Nietzsche más allá del bien y del mal—, he ido descubriendo que hasta el presente, en toda gran filosofía se encuentran injertadas no sólo la confesión espiritual, sino sus sutiles "memorias", tanto si lo ha querido su autor como si no se ha percatado de ello». Yo me atrevería a asegurar que en toda gran realización humana, tanto en las filosóficas o artísticas como en las científicas, hay una confesión. En la geometría euclidiana se confiesa Euclides y también la polis. En la Gran Pirámide se confiesa Cheops y también la misteriosa cultura que logró casar al desierto y el Nilo. Alejandro es una confesión macedonia y Napoleón una confesión francesa. Cada acción y cada axioma, cada saber y cada hacer, hasta cada ignorar, son confesiones. Pero la mecánica y la dinámica que asociamos a esta práctica tienen características muy específicas que conviene resaltar. Este hacer que es un aseo espiritual, par de la lógica como aseo intelectual, tiene una retórica transmutante: permite –o exige– a la lengua escuchar más que al oído y al oído hablar más que la lengua. Si es posible entrever la estructura del diálogo platónico en la tragedia clásica, hay que buscar el espíritu y la técnica de la confesión cristiana en el diálogo platónico. En un caso se trata de extirpar la ignorancia y en otro el pecado, la culpa, un saber implacable y nada socrático. El confesor es Sócrates pero también Dios, ese Cristo que había sido un maestro ejemplar. Vade retro al evasivo rétor: no hay sofisma que valga. Las retóricas de quien se arrodilla y confiesa nada pueden contra quien sabe y puede preguntar y repreguntar, exigiendo cuentas tan claras como un tesorero de Kublai Kan y detalles que ni el olvido más diligente podrá disimular. Auscultar y ocultar se pueden trabar en una lucha tenaz. Pero se trata de una lucha desigual: el que se oculta al confesar incurre en otro pecado aún más grave. Y Dios lo sabe: no hay laberinto en su oído. No te puedes esconder detrás de palabras oscuras o astutas pues en todas y cada una Él escucha el corazón: lo ausculta en tus frases o disfraces. Y puede, como una esfinge, hacer preguntas cortantes, decisivas, peligrosas. De nada sirven tus argucias pertinaces, tus locuaces peros. Tiene escalpelos en la lengua.

«Tú me hacías retorcerme y entrar en mí mismo, quitándome de mis propias espaldas en las que yo me había puesto porque no quería mirar mi propio rostro. Me ponías frente a frente de mí mismo para que viera mi fealdad, cuán sórdido y disforme era yo, cuán manchado y ulceroso. Me horrorizaba el verme así, pero no tenía manera de huir de mí mismo». San Agustín se siente tan arrinconado como un sofista ante Sócrates. El confesor tiene que saber sorprender con sus preguntas y quien confiesa tiene que aprender a sorprenderse. Pues, según Nietzsche, «ocurre con las cosas del espíritu como con las del cuerpo: el que está habituado a verse en el espejo, olvida, al cabo, su fealdad; únicamente el pintor le restituye de nuevo la impresión. Pero se acostumbra también a la pintura y olvida su fealdad por segunda vez. Esto conforme a la ley general que hace que el hombre no 'soporte' lo que es invariablemente feo si no es por un momento: lo olvida y lo reniega en todos los casos. Los moralistas deben tener en cuenta este 'momento' para colocar sus verdades». La sorpresa es un elemento clave de la persuasión. Un indiscreto método para desenmascarar y desenmascararse, capaz de generar una sinceridad irrefrenable, sin la cual no se genera la dialéctica del asco y la penitencia.

En la historia transcurren simultáneamente muchas historias. Unas, vocingleras, cuentan con más heraldos que la muerte. Otras, inadvertidas en las lentas mutaciones del devenir, hay que saber sorprenderlas, pues se disimulan hasta en los hechos donde resaltan, como si una vocación de ocultamiento protegiera con dobleces secretos milenarios, inopinados reveses. La inusitada evolución del cuarto sacramento, por ejemplo, entresacada de *La Gaya Ciencia*, es una extraña historia sin voceros. Al cabo de dos mil años la confesión venció al Dios cristiano. Al exigir a la moral cristiana una sinceridad implacable, los confesionarios la transforman en una conciencia científica. Potencialmente subversivos, y siempre riesgosos, disipan los misterios y matan a Dios. El oído sagrado, la tumba de los secretos, se convierte en una cruz definitiva. Muere la vida eterna: en vez de resurrección sin muerte, hay sólo muerte sin resurrección.

8.

No he leído las *Confesiones* de Algazel pero intuyo que me asomaría a gusto en su noción del *dawq*. Frente al conocimiento intelectual, propone otro tipo de saber: la degustación mística, un saboreo no accesible a través de la mente sino del corazón como asiento de la intimidad última, un más allá no irracional de la razón. Es el «cono de fuego» de Ibn Tufayl, el mismo que San Agustín mostró a Dios y a sus lectores, esos átomos de Dios. El pulso, las palpitaciones, el calor de la sangre, son manifestaciones palpables de las emociones. De ahí que para dar forma a lo informe, para hacer visible lo invisible, se exteriorizara la intimidad mediante metáforas viscerales. No hay bolero sin corazón. Ni rezo. Ni confesión. A más despecho, más corazón: mientras más bulle por dentro el hervidero emocional, más exteriorizada y expuesta la palpitante reina de las vísceras. Por eso un libro como *El filósofo autodidacto* suele convertirse literalmente en una lección de anatomía.

La búsqueda de la verdad, al pasar por el agustiniano «sacrificio de la confesión», muestra desgarrado lo más íntimo y esencial del hombre, que es el alma, cuya esencia a su vez es Dios. Del yo pensador al yo pecador, el proceso padece una crisis: exige una sinceridad última nada ajena al principio socrático fundamental: conócete a ti mismo. Una y otra vez sentimos a Sócrates en San Agustín. «Yo me conozco mal» –asegura–. «Tú me conoces bien». «¡Pobre de mí, pues ni siquiera sé con precisión qué es lo que no sé!». «Sólo una cosa sé –le dice a su Maestro, que pudiera ser Sócrates pero es Dios mismo–, y es que sin Ti soy desgraciado». Las *Confesiones* parecen responder a una mayéutica implícita e implacable. No está en juego la mente sino el alma y las veras se aquilatan en la sinceridad. «Tú sabes, Señor, que no miento; que mis palabras expresan lo que tengo en el ánimo». Más que un saber, un saber ser. Un ser a secas. Por eso resulta tan estremecedora y eficaz la metáfora del sacrificio: expresa la voluntad cumplida de mentir menos hasta no mentir. El «cono de fuego», arrancado, arde en el altar: «Este es, Señor, mi corazón».

La anatomía de la confesión como sacrificio asoma a veces de forma más deliberada, más clínica si se quiere, como si el saber y el saberse no tuvieran ya el filo súbito del cuchillo sino el metódico pulso del bisturí. Sentimos a San Agustín en Montaigne, cuyos *Ensayos* son amenas y provechosas confesiones. El yo como archivo: esbozada, por lo general oblicua pero nunca teatral, enciclopédica, sumida en proliferantes citas y alusiones, la intimidad de Montaigne descubre a un yo audaz y sorprendente. «En el mundo no he visto monstruo ni milagro más concreto que yo mismo». Su tema, como el de San Agustín, es la primera persona del hombre. Su propia primera persona: «Como quiera que me encontrase además enteramente desprovisto y vacío de otra materia, decidí presentarme a mí mismo como tema absoluto de mi obra. Es el único libro en el mundo de esta naturaleza, por haber sido realizado con criterio tan singular y extravagante, y en él nada hay digno de notarse aparte de esa circunstancia anormal, pues en cosa tan vana y desvalorizada ni el obrero más diestro del universo hubiera salido triunfante de su cometido». Pero ese yo tan novedoso, renacentista a carta cabal, puede apoyarse en una variante de la metáfora del sacrificio aún más impresionante: se desnudará hasta los huesos. Se somete a una radiografía y a una tomografía tan completas como embrionarias. No se podía mostrar atravesado por la luz pero hizo cuanto pudo por lograrlo.

Aprovechó como rayos X los recientes e impactantes dibujos anatómicos de Leonardo o de Vesalio. He aquí lo que nos dice desde su hipotético y casi surrealista quirófano: «Yo me presento como si se tratase de un esqueleto, al que se le ven las venas, los músculos, los tendones, cada órgano en su lugar: la tos producirá un efecto; la palidez o la palpitación del corazón, otros diferentes, aunque nunca de un modo afirmativo. No describo mis gestos, sino mi ser y mi esencia». El sacrificio como vivisección.

9.

Siempre me ha parecido un tanto sospechoso Rousseau, por jactancioso e inexacto. Desde las líneas iniciales de sus *Confesiones*. «Estoy comenzando una empresa, hasta ahora sin precedente, y que nunca tendrá imitadores. Deseo revelar a mis semejantes la semblanza de un hombre en toda la verdad de su naturaleza, y ese hombre soy yo mismo». Su título era una repetición, sus primeras palabras también. Para colmo ha tenido muchos imitadores. Entre ellos, por lo visto, San Agustín y Montaigne. «Hablar mucho de sí mismo —es recomendable que quienes pretendan confesar recuerden estas palabras de Nietzsche— puede ser un medio para ocultarse». La confesión puede prestarse para engaños. Es posible engañar al confesor. O tratar de engañarse a sí mismo. O a Dios. La escenografía montada por Rousseau en su primera página evoca aquella aglomeración de curiosos que vimos en San Agustín. O el cuadro de Rembrandt que inmortaliza las doctas lecciones del profesor Nicolaes Pietersz Tulp. El histriónico Jean Jacques, tirado en sus palabras como un cadáver, está listo. La página se levanta como un telón. ¡Oíd! ¡Atención! «He revelado lo más íntimo de mí, como Tú lo has visto, ¡o Ser Eterno! Reúne a mi alrededor la incontable hueste de mis semejantes; que escuchen mis confesiones, lamenten mi bajeza, y sonrojen con mis imperfecciones». Estamos convocados para la vivisección de Rousseau por Rousseau. Escucharlo, insinúa, será como disecar uno de esos cadáveres apestosos que lo obligaron a abandonar el curso de anatomía de M. Fitzmorris en Montpellier. Una invitación irresistible para millones de confesores a lo largo de un par de siglos.

Confieso que mi oído tiene más laberinto para Agustín y Montaigne. Para el santo que dijo: «Hazme casto, pero no ahora»; y para el ensayista que al ofrecernos «un libro de buena fe» nos advierte que no vale la pena perder el tiempo en «tema tan frívolo y tan vacío». El escueto prefacio fechado el 1 de marzo de 1580 parece señalarnos las salidas de emergencia de un 747 y demuestra la asombrosa cortesía del autor. Ahí mismo, por si acaso tomamos en serio su advertencia, se despide. Cada vez que leo agradecido esas dos sencillas pero rutilantes palabras, me siento libre. Por un instante me siento Montaigne. Adiós, pues.

Caracas, 24 de mayo 2005

La sala de Kafka

1.

Durante varios días me he preguntado cuál de dos opciones sería peor para una ocasión como esta: decir mucho en poquísimas palabras o no decir nada. Haré lo posible por no decir nada.
¿Soy demasiado ambicioso, verdad?
Sabía que se iban a reír. Gracias. Contaba con la risa para aludir a un dilema de la literatura contemporánea. Un dilema que la obra de Kafka, quizá más que cualquier otra, se atrevió a encarar.

2.

Un hombre corre y otro lo persigue. Un tercero –testigo, lector– observa sin saber qué hacer. El perseguido, ¿huye culpable de algún crimen o como víctima de un criminal? No lo sabemos. Mejor no intervenir. La carrera, como la de Aquiles y la tortuga, paraliza. Insuficiente, ofuscada en un caso y exacerbada en otro, la lógica siempre nos inclina al fracaso. Lo que de veras sabemos es fracasar.

3.

Subo unas escaleras y llego al sótano. Bajo otras escaleras y llego a la azotea. He entrado en un castillo de Escher, en un laberinto de Borges, en una parábola de Kafka. Estoy atrapado fuera de todo pensamiento posible. Estoy atrapado en una cinta de Moebio. Sé fracasar.

4.

«Demos en esta cumbre un solo instante –leemos en *Las firmezas de Isabela*, de 1610– / paz a la vista y treguas al trabajo./ Esa montaña que, precipitante, / ha tantos siglos que se viene abajo». En un solo instante la mirada es capaz de recoger todo un paisaje –y aquí la rima de Góngora subraya lo vertiginoso de la sensación– que «precipitante, / ha tantos siglos que se viene abajo». Curiosamente, paradoja dentro de la paradoja, lo que Galeazo y Emilio se proponían era dar «paz a la vista». La mirada barroca, como lo testimonia la obra de Velázquez, nunca descansa. Esa mirada, aquí, sostiene al paisaje de Toledo en la tensión de una doble dinámica: hacia abajo, por gravitación; y hacia arriba, levitante, ascensional.

La ciudad parece hecha para Zenón. Recuerda a la flecha asombrosamente fija aun en su precipitada trayectoria. En este caso no se trata de una caprichosa negación del movimiento. Sofisma, diría Sócrates. Falacia, diría Aristóteles. Más bien se refleja la tremenda tensión espiritual de una época. La mirada barroca traduce paradojas de su propio trasfondo religioso: «muerte que das vida», «que muero porque no muero». Esas paradojas eran perspectivas que la poesía renacentista y la poesía mística de España aportaban al surgimiento de una mirada infinitamente más comprometida en su grado de distorsión con una exclamación de San Juan de la Cruz que con un punto de fuga de Tintoretto.

5.

Cascada, Ascendiendo y descendiendo, Relatividad, Galería de grabados: en muchas litografías de Escher es posible entrever traducciones visuales para las parábolas y paradojas de Kafka. No facilitan la comprensión pero sí llevan el desconcierto provocado por la lectura a un alto más atroz y revelador.

No sorprende que Escher y Kafka compartan un obsesivo interés por ciertos temas: la Torre de Babel, las metamorfosis, el estancamiento absoluto en medio de un cambio aparentemente incesante. Al señalar la inexistencia o la futilidad del movimiento, ambos insinúan como ascendiente al pensamiento eleático. Ante la flecha de Zenón, Escher propone sus variantes: personajes que ni suben ni bajan al subir y bajar escaleras; pájaros que ocupan exactamente ese escaso marco que a pesar de un perpetuo aleteo nunca desocupan; vuelos fijos en un espacio también fijo que son otros —esos mismos— pájaros.

Kafka paraliza a sus personajes —y a sus lectores— con procesos meticulosamente razonados pero carentes de sentido, empeñados en nunca alcanzar otro destino que su propia sinrazón de ser: acercarse a la mitad de la mitad de la mitad de una meta infinitamente elástica. Infinitamente eleática. De ahí esas curiosas escaleras colocadas entre dos pisos sin llegar a ninguno; o ese mensajero imperial que en vano se esfuerza durante miles de años por salir de cámaras infinitamente concéntricas dentro de palacios infinitamente concéntricos dentro de vastas multitudes, para entregarnos personalmente el mensaje de un emperador muerto y seguramente olvidado. Ni su esfuerzo tiene sentido ni su mensaje tampoco. Sólo tiene algún sentido, tal vez, la pesadilla de imaginarlo. Imaginarlo es casi tan desastroso como esperarlo. ¿Acaso podríamos, de acá a unos miles de años, descifrar el mensaje de un muerto? Y soñar así nuestra propia inmortalidad, ¿no sería esto aún más difícil que la interminable aventura del obstinado mensajero?

En *El proceso*, donde tropezamos con porteros cada vez más imponentes que vedan el paso de una sala a otra, el cura le advierte a K. que no debe precipitarse en llegar a ninguna conclusión: antes hay que ponerla a prueba. Pero las posibles interpretaciones de la Ley, las pruebas necesarias para arribar a cada posible conclusión, paralizan el pensamiento. Como el hombre que quiso ser admitido ante la Ley, como K., el lector casi llega, está a punto de llegar a una melancólica conclusión: aceptar la mentira como principio universal.

Se trata de la carrera entre Aquiles y la tortuga, por supuesto. Sólo que ahora el propio Aquiles está convencido de la inutilidad de su esfuerzo. Gracias a Zenón sabe que jamás llegará a la mitad de la mitad de la distancia que lo separará siempre de la lentísima tortuga. Quizá la única manera de alcanzarla –lo digo pensando en los constructores de la Torre de Babel soñados por Kafka, que tenían la certeza de que no era posible construirla demasiado despacio– sería correr lo más lento posible, de tal forma que fueran cada vez menos y mayores las mitades que a él, Aquiles quelonio, le toca recorrer, hasta que, quién sabe, la tortuga tuviese que recorrer el doble de una distancia infinita e inútil. Así ambos, dentro de otra posible paradoja, que es la también soñada imposibilidad de ocupar exactamente un mismo espacio, llegarían siempre primero a la verdadera meta: su definitiva separación.

6.

Vista por Góngora o el Greco, Toledo es una montaña mágica. Aludo a la novela de Thomas Mann para recordar a los pacientes sumidos en pequeños rituales y actividades estrictamente normadas cuyo desenlace, previsible, repetido, era una absoluta parálisis. La tuberculosis como privilegio, como casta: con tal de integrarse a un cenáculo donde el aburrimiento podía ser soñado como actividad, el sanatorio, la enfermedad y la muerte resultaban aceptables.

La extraña relación entre cuerpo, arquitectura y paisaje que hallamos en Mann, se hace evidente de forma más descarnada en los dibujos de Vesalio. A mediados del siglo XVI unos antecesores de los tuberculosos de *La montaña mágica* posan elegantemente para la mirada indiscreta y desorbitada de los curiosos. Se trata de esqueletos y cadáveres en proceso de disección, invitados de gala de la muerte y de la ciencia que acaso despertaron inconfesables envidias.

La España de los siglos XVI y XVII, obsesionada por temas teológicos, discute como nunca la Caída y la Ascensión. Pareciera allanar así el camino para Isaac Newton. La sesuda cuestión llega hasta los diálogos de don Quijote y Sancho, improbables teólogos. Parodiada, deformada, con guiño y sonrisa, asoma en aventuras simétricamente inversas: la cueva de Montesinos y el Clavileño. Asoma también en la imagen de Toledo. La ciudad pintada por el Greco y rimada por Góngora reposa no en perfecto sino en tenso equilibrio. El sentido común es una paradoja y el lugar común un milagro. Naturaleza, arquitectura, humanidad, todo está sometido a fuertes sacudidas; todo está en vilo y como a punto de hundirse. De no ser por la gracia de Dios, colegimos, Toledo se desplomaría.

7.

Alejamos un poco la mirada al releer unos versos de Góngora. Estamos en 1588, 1596, 1621. Los ingleses han derrotado la Gran Armada de Felipe II, han tomado y quemado Cádiz, Felipe IV se pasea a caballo por un parque. Se desmorona un imperio y nadie se da cuenta. O quienes se dan cuenta no pueden contarlo. Es la época del gran engaño. Es también, y no extraña, época de una fe obstinada, ciega. Quizá la ciudad rimada por Góngora en 1610 y pintada por el Greco probablemente ese mismo año represente la tensión del momento: Toledo es una cumbre precipitante mas no se desmoronará, en su cima se vendrá abajo eternamente. Si el imperio parece estar en su cenit cuando ya anda por los suelos, la ciudad que parece venirse abajo permanece empotrada en un monte. Las apariencias engañan: lo único que cuenta –lo insinúa el conde de Villamediana– es la pasión, o el ímpetu, desencadenados precisamente por la creciente escisión entre apariencia y realidad.

La negación o la futilidad del movimiento reseñada por Escher y Kafka, dos eleáticos modernos, permiten disfrutar con mayor asombro una anécdota del siglo XVII donde se cifra todo el barroco español. Felipe IV, el nuevo rey, entra por el parque a las tres de la tarde seguido de treinta y seis caballeros. Entre estos, «Villamediana lució mucho –leemos en el epistolario de Góngora–, tan a su costa como suele, y fue de manera, que aun corriendo se le cayó una venera de diamantes, valor de seiscientos escudos, y por no parecer menudo ni perder el galope, quiso más perder la joya». Hay más quilates en la cabalgata que en la joya; la talla se da en el galope, no en los diamantes. Lo único que cuenta es el movimiento.

Es la época del gran engaño. Hipérbaton, oxímoron, elipsis, en la poesía. En la pintura, imágenes que se salen del cuadro y quedan sugeridas, borrosamente suspendidas, en algún espejo. Mimesis ambigua, contradictoria, ese espejo es la pintura misma, la poesía, la economía, la política: un mundo de ilusiones. En *Las Meninas* el espejo donde casualmente aparece retratada la pareja real ocupa el centro de la tela. Pero de esa tela donde son retratados el rey y la reina sólo vemos el envés y el bastidor. El espejo secuestra un centro posible, una imagen posible, una mirada posible. El centro descentra: no vemos nada. La mirada, desorbitada, se despilfarra alrededor de un blanco borroso, borrado. La mirada imperial, que aparece en el espejo y que es también la nuestra, se ciega en lejanías.

Paradoja: la mirada de Velázquez nos incluye en la pintura y nuestra mirada nos excluye. Colocados detrás de la pareja real, nosotros también debiéramos aparecer reflejados en el espejo. Nos buscamos en vano. Desconcierto: no estamos ni en el fondo ni en la superficie del cuadro. No hay fondo: lo reflejado allá en el espejo está cerca de nosotros. Ni hay superficie: sólo vemos el envés de la tela donde Velázquez todavía está pintándola. El desconcierto y la paradoja como multiplicación: negándonos una imagen real, el pintor nos entrega imágenes verdaderas. Estamos ante su mirada y él ante la nuestra: la pintura en sí, el acto de pintar, es la imagen.

8.

Volvemos a los versos de Góngora con el asombro provocado por el cuadro de Velázquez. ¿Dónde estamos? «En este occidental, en este…». El comienzo de un soneto parece colocarnos en un caprichoso punto cardinal. Como en *Las Meninas*, donde la mirada nos sitúa detrás de la pareja real, estamos aquí pero aquí es allá. Vértigo, suspensión, caída: un este occidental.

¿Pero dónde está este este repetido, este este occidental? Es una ilusión, no existe: es una apariencia subrayada para engañar mejor. Espejismo sintáctico: el sustantivo carece de substancia: es un adjetivo. No hay este, punto. En el soneto Góngora medita acerca de los sesenta y tres años que acaba de cumplir. Se trata, pues, de un ocaso, el final de una vida. «En este occidental, en este, oh Licio, / climatérico lustro de tu vida». En el tiempo de Góngora, como en el espacio de Velázquez, se adivina una arquitectura espectacularmente demoledora. Por eso la lectura, como la mirada ante el cuadro, se convierte en una trampa: «todo mal afirmado pie es caída», dentro de otra trampa: «toda fácil caída es precipicio».

«Desatándose va la tierra unida,» dice el poeta, comentando no sólo la caducidad de la existencia sino la hesitación de su lector ante un sentido dúplice, quizá traicionero: un sentido sin sentido. El poema como trampa: si dice, seduce, y si seduce es para engañarnos, o porque nos engaña. No hay necesariamente sentido en esto que lees, en esto que ves, parecen decirnos el poeta y el pintor. Ni siquiera tus propios sentidos lo tienen: mientras más te empecines en un orden posible, más caída para tu pie siempre mal afirmado y más precipicio para tu fácil caída.

A la perspectiva renacentista la pintura y la poesía del barroco oponen una simetría desconcertante: lo central queda al margen. En el cuadro la imagen salta, rebota, se disimula entre miradas que la buscan; en el poema la sintaxis se contorsiona, crece en la elasticidad de distantes relaciones, des/enfoca con el hipérbaton la nada lineal acumulación de sentido. El este occidental, como el espejo de *Las Meninas*, es un falso punto de convergencia. Ahí se escinde el simulacro de un orden y entre palabra y palabra, entre la mirada y lo mirado, crece nuestro desconcierto.

9.

Prometí hacer lo posible por no decir nada. He cumplido. Ese sería, pensé, mi homenaje a Kafka. Muy oblicuamente, y ojalá para la creciente confusión de todos ustedes, me he referido en estas páginas a una arquitectura demoledora, inhabitable: los laberintos de Borges, los castillos de Escher, la Torre de Babel de Kafka, el espejo de Velázquez, el este occidental de Góngora. En todas estas construcciones, como en la cabalgata de Villamediana, asoma ese espacio interior, disimulado, oculto, siempre contradictorio y a veces contrafuncional, que se da dentro de cada palabra y entre una palabra y otra. Súbito intersticio del sentido que algunos —como el propio Kafka— han pensado estáticamente. En ese intersticio, entre muros simbólicamente concéntricos pero ahora cada vez más concentracionarios, alguien espera nuestro mensaje. Al recibirlo —pero eso jamás, jamás podrá ocurrir— ya nosotros estaremos muertos y olvidados. No importa. Siempre y cuando al caer la tarde él pueda soñar, acodado en la ventana de su casa, que de un momento a otro nuestro incansable mensajero llegará.

Nueva York, 4 de marzo 1983

El reloj del paisaje

Noche: cierro los ojos y veo, vuelvo a ver. La noche de la memoria y la noche de los párpados poco a poco recuperan restos de luz y sombra, horas que fueron instantes y ahora parecen siglos. Día: abro los ojos y veo, vuelvo a ver esos paisajes ausentes en los puntales de la luz. Visto y pintado, lo vivido, lo pasado, han logrado dejar extrañas y conmovedoras huellas. La mirada, así, vuelve a recorrer el horizonte. La madeja urbanística de Nueva York o Venecia, captada desde una perspectiva fija, obsesiva: la ventana de un hotel, que reta con su pequeño rectángulo, como un falso *trompe-l'oeil*, a la monotonía descomunal del concreto; o un azaroso pero centrípeto punto en cierta calle, desde donde se traza el arco medular del paisaje posible, como si se midiera a la ciudad para reconstruirla en ese espacio fantasmal pero resistente, indestructible, que es el tiempo. Un tepuy, el Ávila que separa a Caracas de la costa y la acerca al cielo, los volcanes de México, imperturbables teocalis que evocan el amenazante humo de los sacrificios, suman rectángulos de geología a la historia. Los tiempos verbales, que siempre son tiempos tribales, carecen de conjugaciones para estas primeras personas de piedra y fuego. El paisaje, esa maravillosa invención, más que espacio es tiempo. Y por eso nos cautiva. Y nos perturba. Cada paisaje proclama nuestra impermanencia. La desolación y los espejismos de nuestra impermanencia: duramos poco, es cierto, pero hasta la geología es humana.

Noche: Anteo y no Narciso, esponja más que espejo, la tela colocada sobre la tierra, como si fuera el mantel para un segundo *déjeuner sûr l'herbe*, absorbe en rectángulos la vastedad impalpable, lo informe, la materia. La tela como *tellus*: ante un trozo de bosque, se hace parte del paisaje; y parte del paisaje, antes de transformarse en uno más, palpable, impar. De hecho absorbe algo de la humedad de la tierra, se mancha de humus, de polvo, a la pintura todavía húmeda se adhieren, en trizas, hojas, corteza, polen, acaso algunas semillas. Así cuenta con el viento, ese impredecible artífice. Y con la luz estelar, que conmueve más: asombra. Y es que la luz misma parece adherirse a la pintura por absorción. Día: Eros y no Eco, imán más que imagen, la tela incorpora rituales cotidianos. Amanecida frente a la Iglesia de San Marcos, yace sobre una acera veneciana, sola ante la iglesia, acaso también sola ante Dios. Pero al cabo de un siglo o de un par de horas ya no lo está: se trata de una acera transitada. Y sucede lo que tiene que suceder. Puesta y expuesta, la tela pintada es también una tela pisada y recoge hasta las más fugaces huellas. Las suelas de los venecianos, herederos de una milenaria tradición de vidrieros, dejan soberbias alusiones a la transparencia. El reloj del paisaje no mide el tiempo: lo borra. Por un instante lo borra. Y es eso lo que queda: no lo mirado, la mirada.

Caracas, 13 de abril 2004

Abanicos

> Quejándose venían sobre el guante
> los raudos torbellinos de Noruega.
>
> Góngora, *Soledad segunda*
>
> Se echó a reír y meneó la cabeza; a veces hacía ese gesto con un impulso que parecía venido desde tan lejos como la brisa que mueve a una flor.
>
> Henry James, *Los amigos de los amigos*

El libro reposa en la mano izquierda. La derecha lo hojea, buscando los cinco poemas que quiere releer. El primero lo encuentra de inmediato: es el célebre *Saludo* que abre la recopilación. Luego van apareciendo los otros en el levísimo, apenas perceptible aire que nace al pasar las hojas. Imagina que es el aliento de ese viejo compañero, que suspira o exhala bocanadas de humo. Abre y cierra el libro. Lo hace varias veces más, luego vuelve a hojearlo, pero no en busca de los poemas. Siente que todos, y no sólo esos cinco, se resumen en el variable rectángulo de aire que lo acaricia. El objeto tan familiar, casi íntimo, que creía amaestrado por las repetidas lecturas, vuelve a asombrarlo. Esta vez al asumir de pronto una extrañeza física, mecánica, pues se ha transformado. Lo sujeta por el lomo, trata de abrirlo exactamente por el medio, como si desplegara un varillaje de madera. Abierto de par en par, desaparece el abanico recién descubierto. Quieto, entregado a su plomo, pareciera que aguanta la respiración. Quizá porque él mismo, sin darse cuenta, ha aguantado la suya. Las dos mitades de páginas, en las curvas idénticas del mármol separado, le parecen la entrepierna de una mujer. La mirada se pierde en la perpendicular escondida. Un pliegue profundo y genital. Desde ahí quiere leer.

Se mueve el horizonte. Ocupa formas y colores que se agitan a lo lejos hasta inmovilizarse cuadro a cuadro. La luz reposa en superficies y encarna en volúmenes para engendrar sombras. Luego llega hasta el fondo de los pulmones como cuerpo vivo y latiente: es mademoiselle Mallarmé que se abanica. En su muñeca con el abanico gira el planeta, pues ella empuña el eje imaginario del cosmos, el golpe de dados que ruedan sin jamás abolir el azar.

Hay un brindis. La muñeca gira para apoyar el borde de la copa en los labios, agitándose el champagne como marea alzada a medida que el vidrio desaparece en su propia transparencia. Al quedar sólo la rutilante espuma del oleaje, como un velero la copa navega en el mar que contiene. Diamante, cristal, gota, espuma, burbuja: en lo nimio aflora y reverbera el paisaje.

El alma, caracol sin concha que lentamente asciende en espirales, se consume entre ruedas de humo en otras ruedas de humo abolidas. Abajo queda la ceniza, lo vil, lo real, el cuerpo, escombros. Todo aquello del puro que en la incandescencia no logra la pureza última, inasible, vaga, evanescente. *Lo muy preciso tritural tu vaga literatura*. El cigarro como ilustración de la antiparnasiana estética impresionista: no la cosa, el efecto que produce.

Un suspiro busca a la mirada errante que lo provoca. La mirada es un cielo azul y el suspiro un chorro de agua que en vano trata de alcanzarlo. Luego el surtidor es un estanque donde el azul mira reflejado su infinito desmayo. En el estanque las hojas otoñales, como veleros a la deriva, dejan un surco frío. Los cinco primeros versos, ascendentes como el humo del cigarro, trazan su disciplinada parábola para caer, en los cinco finales, como la equivalente ceniza: rojiza agonía de hojas. Entre las dos curvas de la parábola, una raya, un guión largo —el signo ortográfico refleja el rayo solar con que finaliza el poema. La ortografía como luz. El chorro de agua rendido a la horizontalidad de la física y del verso.

Abanicarse, brindar, fumar, suspirar, se amplía el paisaje, se contrae, recreado por una estética del horizonte cuya dinámica suscita infinitas mutaciones. Aleteo, latido, el abanico en su compás *hace retroceder / al horizonte delicadamente*; y lo somete como marco del espacio y del tiempo a profundas alteraciones. Una confusión de planos que recuerda el *este occidental* y la fija *cumbre precipitante* de Góngora: hay una *risa enterrada* y un *paraíso feroz*. Sostener y vaciar la copa, abrir y cerrar el abanico: metáforas del confín. Alba y ocaso de las formas. Aparece y desaparece el paisaje como por magia de prestidigitador en la respiración o un golpe de muñeca. La misma que lanza los dados y reta al destino. La misma que traza los signos y sobre el blanco de la página estrena la noche, estrellando al cielo. La que levanta la copa y lleva el cigarro a la boca. La que pasa la página como encaje de espuma y constelaciones.

En las páginas finales de *La prisionera* el olor a petróleo de un automóvil despierta una placentera gama de sensaciones, eslabonadas todas por el recuerdo, que avivan días ardientes del pasado pero también el deseo de *hacer el amor en lugares nuevos con una mujer desconocida*. El automóvil no implica, como para Marinetti, una disyuntiva entre lo nuevo y lo viejo, entre pasado y futuro, sino que abarca los extremos del horizonte temporal en el sorpresivo deleite del presente. El olor y el humo de la máquina invitan, como el poema de Baudelaire, al viaje imaginario, colmado de reminiscencias y deseos aún insatisfechos. *Luxe, calme et volupté* de la alcoba que se prolonga en el esplendor del Oriente y en tierras muy remotas. Así florece en un cuarto oscuro un paisaje deslumbrante: acianos, amapolas, tréboles, hasta que aquel olor desagradable se convierte en un olor de campo. Pero no *un olor circunscrito y fijo* [...] *sino un olor ante el cual huían los caminos, cambiaba de aspecto el suelo, acudían los castillos, palidecía el cielo* [...] *un olor que era un símbolo de impulso y de poder.*

En el poema de Baudelaire se acercan los confines del mundo; en la novela de Proust, encaje de sensaciones, los confines se transforman precipitadamente, como si cedieran a una mutua seducción lo alto y lo bajo, la horizontal del suelo y los caminos y la vertical de los castillos y el cielo. La invitación proustiana, sin embargo, que se extiende específicamente a través del olfato, debe más a otro poema de Baudelaire, *Perfume exótico*. Es tan decisiva la orientación olfatoria en el autor de *Las flores del mal* que se patentiza en la estructura misma de los versos, pues por doquier, dice, *husmea el azar de la rima*. Los olores encauzan la escritura y extravían la imaginación. Y seguramente encauzan la escritura porque extravían la imaginación. Así el almizcle de su amante lo lanza al mar abierto, sinónimo de inmensidad y movimiento según los apuntes de *Mi corazón al desnudo*, sin menoscabo de los estrictos límites del soneto.

> Tu perfume me guía a lugares de sueño,
> veo un puerto que llenan blancas velas y mástiles
> fatigados aún por las olas marinas,
>
> y el olor de los verdes tamarindos, que mientras
> ha invadido los aires y acaricia el olfato,
> se me mezcla en el alma a canción marinera.

Pirámide de intrincados pasadizos y rincones secretos, como los celos; catedral alzada por el erizamiento de los sentidos y el cuerpo ajeno a las trampas del lenguaje, la obra de Proust sugiere un laberinto. Pero es un método. Un código que pretende surgir directa y súbitamente del nervio y la memoria inconsciente. Las perversiones del mundo que retrata y caricaturiza, como un nuevo Villon, y las contorsiones de la prosa, manan de ese punto de partida inefable, a la vez inocente y perverso: el cuerpo erizado, infinitamente despierto en lo primario de sus sensaciones. Incandescente. Mas no se trata sólo de una exposición exhaustiva y pormenorizada de sus propias sensaciones sino el resumen enciclopédico de las impresiones sensoriales despertadas por el siglo XIX francés. Es el Champollion de todas esas extrañas y sutiles emociones. Manet y Monet, Baudelaire, Debussy, Grimod de la Reynière, Brillat-Savarin, lo visual, lo olfatorio, lo auditivo, las texturas que atizan la superficie del cuerpo y los sabores que en su interior cruzan dispares estímulos, se suman como un saber minuciosamente atesorado. El enciclopedismo del siglo XVIII es una aventura colosal de la mente y las ideas. No menos global en su apetito, la aventura de Proust se cifra en el cuerpo y sus sensaciones, que de forma inmediata y palmaria registran las sutilezas a veces infernales de la emoción recalcitrante o esquiva como una confesión casi celular del yo.

A través del olfato Baudelaire tanto como Proust sienten la punzada del infinito. Pero esa punzada anima a muchos otros. Por algo las musas de la época incluyen el opio y el haschisch. Hay como una vocación de infinito que con nombre y apellido lleva algunos al cielo y otros al infierno; y que con un antes y un después llega a expresarse en el ámbito político como renovada voluntad imperial de frontera. Esas burbujas homéricas que convierten una copa en un mar color de vino tienen un origen napoleónico. La célebre expedición de fines del siglo XVIII emprendida por el general, quien se hizo acompañar por sabios y científicos, alcanzó lo desconocido. Un viaje en el espacio y el tiempo resumido por un equipo multidisciplinario en una obra digna de Pausanias: *Descripción de Egipto*, cuya impresión en nueve volúmenes ilustrados tomó veinticinco años; y en el *Viaje al Bajo y Alto Egipto* de Dominique Vivant Denon, donde el fundador del Louvre relata su travesía por el Nilo entre enero y marzo de 1799. La seducción de lo raro, lo otro, lo ajeno, en su perfil aromático, nace en sorbos de café y tabaco de Lattaquié.

La pipa en particular pasa a ser una imagen ubicua. Un estilo. Una moda. Hasta una pose. Llevarse una a la boca será sinónimo de bohemia, como más tarde cargar bajo el brazo un volumen de *El capital* automáticamente conferirá aire de irrefutable sabiduría dialéctica. Entre *Las flores del mal* hay una *de escritor* en *La pipa*; y hay otra, también con ese título, en *Anécdotas o poemas* de Mallarmé. El humo de tabaco como escritura –ingrávida, gestual– asoma entre los caligramas de Apollinaire, cuya pipa por cierto *se esforzaba en hacer nubes / En el cielo*. La de Van Gogh es un rasgo inconfundible en muchos autorretratos. Los dibujos de Verlaine y de Régamey la hacen inseparable del Rimbaud 1872. Tan generalizada resulta su representación que genera una que la contradice y pretende aniquilarla: la de Magritte. *Ceci n'est pas une pipe* es una imagen de su propia negación.

Lamartine, Nerval, Flaubert, Rimbaud, menciono apenas un puñado de los escritores franceses que emprendieron viajes al Oriente durante el siglo XIX. Los tres primeros dejaron constancia de sus experiencias en un título unánime: *Viaje a Oriente*. Rimbaud fue mucho más lejos: pasó una temporada en el infierno. En todo caso, no hay duda de que la fracasada expedición a Egipto alentó subsiguientes y muy fructíferas invasiones personales. La clave no está en la extrañeza del paisaje y las costumbres que asombraron a los expedicionarios del XVIII. De forma muy específica la seducción de lo extraño y ajeno, particularmente en el caso de los escritores, se debe a alguien que no participó en la expedición pero que debe toda su obra –su vida misma– a un diccionario de piedra hallado por los soldados franceses en 1799: Champollion, quien descifró los jeroglíficos gracias a una copia de la piedra de Rosetta. La convergencia de tres escrituras: jeroglífica, demótica y griega, permitió el desciframiento, cuyos resultados se publicaron en 1822. Es por demás notable el amplio espectro que ocupa la escritura a raíz de la expedición del 98. Por una parte se democratiza en su mecánica, pues uno de los expedicionarios, Nicolas-Jacques Conté, fue el inventor de la mina de grafito, o sea el lápiz moderno; y por otra se crece como concepto al descubrirse y descifrarse una escritura sagrada.

Cubiertos de signos, los techos y las paredes de las tumbas egipcias le dieron a la muerte un hechizo que quizá el suicida Nerval no pudo resistir. En febrero de 1841 quiere lanzarse a una estrella que lo guíe hacia el Oriente. Lo ha enloquecido el cielo, que como nudo corredizo al fin lo acerca a las añoradas alturas en enero de 1854. Se cumple trágicamente una máxima de Flaubert: *Axioma: es el cielo el que hace al paisaje*. Nada extraño si se recuerda que el poeta, el nefelibata de Darío, es un gran señor de las nubes y conversa con ellas. Eso según Baudelaire. Pero no sólo los poetas se sintieron atraídos por el cielo. La poesía misma, destilada del propio creador hasta volatilizarse, se remonta a lo estelar. Nerval quería lanzarse a las estrellas; poco después Mallarmé escribe en el cielo: como en un golpe de dados, lanza la escritura a las constelaciones. La página en blanco, antes mero soporte de los signos, es un signo. Una dinámica de múltiples, inagotables sentidos que se convierte en un cielo estrellado y una apuesta al infinito. Es el cielo egipcio desplegado en el techo de la tumba de Senmut y el cielo babilonio organizado en signos. La página en blanco, infinito palimpsesto, recoge la tablilla de arcilla del cuneiforme sumerio; y la página elevada a la potencia de un cielo estrellado recuerda la escritura de los cielos acadia. El mayor hechizo de la expedición napoleónica no lo ejercieron a la postre las pirámides ni las esfinges sino los jeroglíficos. Mallarmé cosechó para la poesía los frutos de Champollion.

Los dioses nacen y mueren a diario. Y lo hacen con una puntualidad asombrosa. Al alba su nacimiento promete la luz en los primeros tímidos rayos, curvos y aterciopelados como los pétalos de un capullo o el párpado esponjoso que acaba de entreabrirse para verlos y absorberlos, pues por un instante, tras las horas de oscuridad y sueño, la vista es gemela del tacto, y acaricia al horizonte como el lomo de un gato que maúlla en el gallo y el creciente gorjeo de los pájaros, luego en el trajín de las hormigas y las hojas de yerba que poco a poco se quitan la sábana del rocío para lucir, fresco y brillante, su primer verdor y su perfume efímero y sutil, acumulado bajo las estrellas como en un pequeño frasco de vidrio ahora astillado en espuma invisible. A punto de entregar sus frutos, el jalón de la víspera titubea. El núcleo de la tierra, frotado durante la noche con la inmensidad que lo reclama y lo extrae para exhalarlo, fragante y arrobado, es una momentánea florescencia. Lo oculto vuelve a exigir su nombre entre las sombras. Sentimos el amanecer como superficie y el anochecer como profundidad. El tiempo se muestra como lentitud cariciosa o perturbadora agitación. La aurora es rosada y el ocaso rojo. La sangre que apenas se transparenta en la yema de los dedos luego mana a chorros: cae la noche, mueren los dioses, y los enterramos en la estremecedora violencia que prefigura nuestra propia muerte. El ocaso es un cielo de bronce donde aún se cruzan lanzas y espadas sobre el escudo desfalleciente de la hora, rajando y cortando el espacio, que se vacía hasta desangrarse de rodillas en el oeste para cerrarnos los ojos.

 El libro, rectángulo de mármol abierto por el medio, no agota sus mitades como objeto. Quieto sobre el escritorio, aguantando la respiración, la edición bilingüe retiene en su pecho a Mallarmé como una extraña cifra al cuadrado. En español a la derecha y en francés a la izquierda. Non en francés y par en español. Por un instante se siente como Champollion frente a la piedra de Rosetta, aquel maravilloso nudo que entrelazaba tres escrituras. Quiere desatarlo verso a verso. Mira a través de la ventana un paisaje que empieza a vestirse de noche, como una mujer que quiere exagerar su hermosura para una fiesta. El cielo se oscurece entre las hojas de jabillo y caro-caro que poco a poco se apagan. Ya pronto verá algunas estrellas colgando como frutos entre los gajos. Recuerda una observación de madame de Cambremer: *¡Qué amable es usted y qué bien lo dice: el mar entre el follaje! Es precioso, es como* [...] *un abanico*. Ahora ve sobre el escritorio ese abanico; y siente anudados el francés y el español, Mallarmé jeroglífico y Mallarmé demótico, como aquel mar de Balbec entre los pliegues y el varillaje de la vegetación. El horizonte, a lo lejos, le parece un nudo entre cielo y tierra. Pero también un nudo entre noche y día, luz y oscuridad. Lo estremece la punzada del ocaso como un desgarrón en la luz que ya no colma al paisaje ni a sus ojos. Se levantará muy temprano, promete, para buscar el alba a través de esta misma ventana. Para ver como en una página de Homero los rosados dedos de la aurora al desatar la noche. *Phanos*: libro, abanico, ventana. *Phanos*: aparición, iluminación, fantasía. De repente está en una vieja casa cubana con su colorido arco de medio punto como aduanero entre el patio y el interior de la casa. Hace ya tanto tiempo que dejó de ver esa casa que su memoria parece burlarse de él. Arco de Trajano, Arco de Constantino, le dice. Pero él la obliga como tantas otras veces a filtrar aquella luz del trópico. Medio punto cubano: abanico de vidrio hecho para nuestro mediodía. Una siesta de la argamasa y la mampostería. Pequeña frontera entre el sol implacable del patio y la penumbra del salón. De niño aquel medio punto inalcanzable le parecía un papalote. Flotaba entre el piso de brillantes mosaicos y el altísimo puntal como en un punto muerto de la brisa. Era como si la arquitectura colonial se empeñara en acercarse a la luz y al cielo. Coquetería de la casa cubana, que sonríe –pícara, de perfil– detrás de su desplegado abanico. El cordel en la mano, el viento tirando de los güines y el papel de china como si picara un enorme pargo, ve en las alturas un mar revuelto. Se da cuenta de que él no quiere alejar horizontes sino acercarlos. Sonríe, levanta el libro, trata de ver una página al trasluz. Y empieza a releer cinco poemas de Stéphane Mallarmé.

Caracas, 27 de agosto 2007

Horizontes de juguete

1.

De repente desaparecían. Seguramente adivinaban la desmenuzada blancura de la nieve y la compacta transparencia del hielo. Acaso se escondían de los copos refractivos y de la avasallante luz atrapada en la congelación. Abandonaban los árboles, las torres, los campanarios, el cielo. Una ausencia no por repetida menos inexplicable. Así durante siglos. Durante milenios. Las golondrinas y otras avecillas invernaban en el fondo de los estanques, arropándose en el limo informe o bajo la corteza de los árboles. Eso según Aristóteles. Otros sabios diferían, desde luego. No se trataba de una prolongada hibernación sino de una súbita y a veces sutil metamorfosis: la corneja era el grajo arisco a las nevadas; el azor, por su vuelo y su plumaje, tan similares, apenas disimulaba al cuclillo disfrazado para el intenso frío. Más empíreo que empírico, Gereford opinaba que las aves de paso cumplían el invierno en la luna. A pesar de su desastrada hipótesis, Gereford no era lunático sino obispo: el supuesto refugio acercaba su imaginación a la esfera de los ángeles, no al asilo de los locos[1].

---

[1] La hipótesis data de 1703. Tropecé con este obispo en la página 37 de un libro olvidado. Pudo haber sido en un tablero de ajedrez, pues su diagonal lo acredita para saltos sorprendentes. Además de la singular hipótesis, digna de encabezar cualquier teoría de ausencias, lo que me lo hizo particularmente memorable fue la grafía de su nombre, que me pareció –y me sigue pareciendo– dudosa. Imagino una H mayúscula para Gereford. Creo que en alguna otra página también olvidada respondía a esa H nada muda en inglés. Nada muda pero sí mudable. Como los pájaros satelitales.

No deben extrañar tales hipótesis. Las teorías de los ignorantes, por lo general osadas y lógicamente compartidas con mayor vehemencia que las de los sabios, sumarían aún más desconcertantes apuestas. La ausencia, como los sueños, suele provocar diversas y a veces insólitas interpretaciones. El esplendor de algún acierto también merece asombro. Sabemos cómo Uccello suplía la carencia de los pajaritos que tanto amaba y no podía comprar. Debe su nombre precisamente a las numerosas imágenes con que engañaba –casi enjaulaba– esa carencia. Pero en *La batalla de San Romano*, tal vez su obra más célebre, este obsesivo retratista de pájaros no incluyó ninguno. Esa doble ausencia –la del ave, la de su imagen– tiene según Calvino una sola explicación: el estrépito de las armas.

2.

Freud se atrevió a hacer una ciencia a partir de los sueños, esa aparente ausencia de realidad. Sin duda merece ser reconocido como pionero de la teoría del caos. Tan atrevido como el psicoanalista vienés, Calvino –el ítalo, no el ginebrino– le concede graciosamente realidad a la ausencia para luego interpretarla. A esa audacia debemos *Las ciudades invisibles*. Supongo sin embargo que cada niño, todos los niños son capaces de semejante hazaña. La interpretación de ausencias, innata, filogenética, sólo se pierde con los años. Eso que algunos llaman la madurez. Pues quien ha sido niño, y tiene la dicha de no olvidarlo, aunque lo ignore ha sido Freud y ha sido Calvino; y a la sombra del maravilloso árbol de la infancia, quizá aún sepa desconstruir sueños y construir ciudades invisibles. Castillos de arena, castillos en el aire, castillos de sal si puedes.

Recuerdo la fascinación que tuve, y que nunca he perdido, por los caracoles. Fascinación que en este mismo instante renace al observar las espirales ascendentes del habano. La realidad toda se agolpa, se endurece, satinada y calcárea, alrededor del tornillo de humo. Las espirales penetran en la ausencia, la ahuecan, la retuercen, hasta que el horizonte todo, óseo, pétreo, aguarda vigilante como una ciudad amurallada, para que el mar resuene en la orilla impenetrable y por breves puentes el laberinto del oído se remonte a otros laberintos. Desde la soterrada arquitectura de Creta al vuelo de Ícaro, el Minotauro y su implacable asesino, el palacio y su ruina, escrituras lineales pero indescifrables, Minos y su también astado rival, Pasifae y su astuto alcahuete, las alas enceradas y la caída derretida, que nos devuelven al mar que tenemos en la mano, pegado al oído, todo eso está en las espirales de caracol ahora instantáneas, evanescentes, pero que pudieran tener otra duración, otro infinito, si el humo lo palpásemos en una amonita metalizada. El imán del vacío, del sueño, de nuestra muerte ajena y las incesantes resurrecciones como de ola y salitre encrespado, nos ofrece el titileo de su lomo para cabalgar ausencias. Nos alejamos *in situ*, en la fijeza de una estalagmita el vértigo nos arroja como aerolitos o murciélagos.

3.

Una noche de verano descubrí que el horizonte me podía servir de trampolín. Ni siquiera necesitaba un cohete para hundirme, astronauta nato, entre las constelaciones. De día me preguntaba dónde se encontraban esos dos azules inmensos que llamaban mar y cielo. Uno lo tenía a mis pies. El otro, por mucho que me empinara, no lo podía alcanzar. Quizá, me decía, si Alfonso me llevara en el bote de remos hacia allá, lejos, el misterio se resolvería en una gota de agua. O en una aspiración. ¿Pero me darían permiso para emprender la aventura? ¿Acaso Alfonso se atrevería a llevarme sin la autorización de don Luis o doña Julia? La noche me dio una respuesta vertical. En la oscuridad el horizonte desaparece, o es otro, y sólo está arriba. En realidad primero hay que aprender a borrarlo, a desaparecerlo, pues los faroles Coleman, encendidos a pulso a ras del crepúsculo, hasta la poca luna untada a las olas, recuerdan que existe, que podemos agarrarlo, y entonces cero juego. Yo me empinaba sobre la punta de los pies, arqueaba la espalda como para disparar una flecha, la cabeza volteada hacia arriba y hacia atrás, casi apuntalada sobre el pelín de la nuca, así me sostenía hasta perder completamente el plano horizontal. Sólo existían la oscuridad, algunas estrellas y yo. Me zumbaba la cabeza, me daba vueltas. Estaba a punto de cosechar los extraños frutos de mi ejercicio de ausencia. Entonces, de repente, caía. Pero caía hacia arriba. Aunque una y otra vez aplastara a la arena, caía hacia arriba. Así hasta que el leve mareo se acostumbraba al ritual y me vencía. Un vértigo de juguete me enseñó a precisar cuando uno cae para abajo. Porque uno también puede caer para arriba. La paradoja o el pleonasmo son faltas de ausencia. Vanas interpretaciones.

4.

El matemático puede ser tan doloroso como el renal. La etimología en este caso tiene una profundidad literalmente geológica. Pues la palabra deriva del latín *calculus*: 'guijarro', 'piedra empleada para enseñar a los niños a contar', 'tanto', 'ficha', 'cuenta'. Obvio el puente entre el grupo de ciencias que tratan de las cantidades, las magnitudes, las formas, y sus relaciones por medio de números y símbolos, y la martirizante nostalgia geológica del riñón. Obvio también el puente construido por las piedrecillas no lanzadas sino contadas una a una por los niños y el cálculo. Obvio pero asombroso. Que una ciencia volcada a las espirales de la abstracción sea definida como concretísima aunque diminutiva piedrecilla resulta extraño. Hay que tener riñones para semejante albañilería. Sumo a esa extrañeza otras que se me revelaron cuando trataba de aprender cálculo. Corrían años en que yo solo aprendía otra cosa. Escrita la frase, me detengo: los años sólo corren cuando uno ya tiene demasiados, y entonces yo era un joven universitario, aprendiz, como ahora, de otra cosa. Pero sigo, corro. Estudiaba historia y aprendía otra cosa. Estudiaba filosofía y aprendía otra cosa. Estudiaba química y aprendía otra cosa. Estudiaba cálculo y por supuesto aprendía otra cosa. ¿Qué aprendía? Creo que poesía. La materia que gustosamente arrastraré hasta el fin de mis días. De la teoría del límite colegí mis propias y enormes, casi infinitas, limitaciones. Y como es lógico de una frase de Wittgenstein algo de poesía. La frase me hechizó, se me ocurre que por haber contado con piedras: «Los límites de mi lenguaje representan los límites de mi mundo». Gracias al cálculo, pues, algo de Wittgenstein y lo poco que sé de alemán, que es esa frase suya, inigualable para seducir a una alemana. Es la única que he aprendido en ese idioma repleto de mayúsculas. Única pero perfecta. Por la analítica de Wittgenstein sin duda. Pero también por mi alemán de esmerada, casi lítica estirpe. Pues desde hace décadas la pronuncio perfectamente. O casi. Escuchen: «*Die Grenzen meiner Sprache* bedeuten die Grenzen meiner Welt». Así me sedujeron el laberinto y así pronunciaré este puñado de palabras hasta el límite de mis decrecientes días: unas en cursiva y otras en redonda. Unas de cal y otras de arena. Con ellas he podido engañar hasta un par de alemanas. Y es que me las pronunció al oído, lenta y mil veces, un bello caracol: Gabriele Störmer, que afortunadamente no era celosa pero sí teutona. Con u.

Si la teoría del límite me permitió llegar tan lejos como para tropezar con mis propias limitaciones, el cálculo infinitesimal me facilitó otro raro aprendizaje. Primero, lo poco que recuerdo de esa piedrecilla, que es casi todo lo que aprendí. El área del círculo, imposible de cazar con exactitud, puede rendirse a este tratamiento matemático que algo debe, lo juro, a la cirugía. Se trata de reducir lo no mensurable a su mínima expresión, que es como cortar el vacío para que ocupe menos espacio en el restante pero cada vez mayor vacío que crece por esa reducción. ¿Entendido?

Pero acercarse al cero como límite a mí me enseñó otra cosa. Lógicamente. En aquellos años que corrían lentamente yo aún no había superado una crisis que todavía me supera. Yo era un quiero escribir pero me sale espuma. Quería ser capaz de algún absoluto. Y expresarlo cabalmente, aunque sólo fuera irrefrenable y espumosa insuficiencia. ¿Pero cómo hacerlo con el lenguaje, lleno de trampas en que yo mismo caía, amén de mis lectores, que eran, como ahora, Luis y dos o tres amigos? ¿Cómo decir siquiera una mínima verdad con tantas mentiras? Escribir es cubrir, hablar es mentir, se repetía aquel tardío adolescente que sigo siendo. ¿Qué hacer? Hallé una solución oblicua. No en un poema sino en el cálculo infinitesimal. Ante la imposibilidad de expresar absolutamente el área del círculo, diana para rigurosos cazadores, el matemático crea una ciencia que la expresa al límite. Esa expresión límite, esa orilla del cero, me enseñó que si bien era imposible decir la verdad, sí era posible mentir menos. Mentir menos hasta que de la imposible verdad no dijera sino el cero como límite.

Hay unos versos capaces de resolver de una vez por todas la paradoja de la verdad en el poema. Sólo que yo primero los intuí y luego los comprendí en alguna ecuación: «Beauty is truth, truth beauty, – that is all / Ye know on earth, and all ye need to know». Gracias a esa ecuación y a John Keats la belleza del círculo, soberbia y hechizante como la piel que ciertas noches regalan, y su área tan indescifrable como el disco de Festo, han estado al alcance de la mano, como un caracol. Gracias a una ciencia olvidada y a un inglés muy presente, y que pronuncio aún mejor que los límites de mi lenguaje, como el mar que retumba entre espirales, le he dado vueltas al impalpable círculo como a una urna griega. Acaso así he sido Euclides; y alguna que otra vez he podido interpretar el crecimiento en espiral de una ausencia. ¿La tuya o la mía?

5.

Mi vida fue escrita por Lichtenberg de un solo tajo: «Un cuchillo sin hoja que no tiene mango». La vivió Gerónimo, aquel apache perdido en el viento. Audaz e invisible, estaba en cualquier sitio y en dos o tres sitios a la vez. Porque el viento no tiene fronteras. Tampoco la poesía. Mis poemas, escritos humildemente por Scardanelli para el humilde y demente Hölderlin, registran un notable desprecio por la historia y sus presumidos calendarios. Soy más puntual que los reyes de Inglaterra pero me gusta ese desprecio arqueológico, casi geológico, por las fechas. El italiano le regaló una pizca de Mediterráneo a Hölderlin. También un poco de pasado y así, de paso, la inmortalidad de la locura, que es la fama. Hay poemas fechados el 24 de mayo de 1748 posteriores a otro del 24 de abril de 1849 que a su vez es anterior a «El invierno» del 24 de enero del 76. Pero de 1676. Lo que importa es el 24. Lo demás, diría Verlaine, es literatura. ¿Dónde queda el *hic et nunc* en todo esto? Habría que preguntárselo a un ave migratoria como Hölderlin. Durante su larga temporada en el invierno no se refugió en un lodoso estanque ni en la misericordiosa luna. Se refugió en la poesía, en la locura y por metamorfosis en Scardanelli. «No quiero caer de mi cielo», dijo. Así habla el filo de un cuchillo y el oscuro anhelo de un pez volador. Zaratustra y Altazor algo le deben a su perfección sin reproche y su despejada lejanía.

6.

El desorden casi genético, monstruoso, el caos de un volumen nada geométrico, la algarabía unánime de los instrumentos, tiene una finalidad precisa, milimétrica, euclidiana. El desconcierto aparente, jubilosa teleología del azar, es el preámbulo del concierto. Un adjetivo me ha delatado. Confieso, pues, el momento que más disfruto: los músicos, cada uno por su cuenta, afinan los instrumentos que hace apenas un instante eran tallas de madera o esculturas de metal. Silba un Giacometti que fue un cetro de marfil yombe y ahora es un oboe o un clarinete; retumba, al fondo, un Brancusi que se convierte en timbal; los platillos parecen desprenderse, como almas, de unos Círculos de Gay García o de escudos micénicos; *El violinista* de Cárdenas súbitamente es un bronce de carne y hueso; un Rodin de buen tamaño muge como un bisonte en la caverna de Niaux o zumba, enorme insecto, sobre la carroña de un ñu, pero es un contrabajo; varias máscaras de Nueva Guinea y unos escudos de guerra asmat despiertan como violines o cellos.

Me siento en el puesto H 9.

El espacio revuelto vibra: se ha vuelto tiempo. El metal y la madera; el enorme colmillo de elefante reducido a finas láminas de marfil y el inalcanzable cuero de antílope tensado sobre un abismo, embisten, huyen, pesan, acogen al viento y los pájaros, dan frutos. Este poco de selva que no está en ninguna partitura; rugidos de león y nerviosa risa de monos; fémures que restallan en las fauces de un jaguar; el staccato de un loro que en vano defiende el nido; los chasquidos, apenas perceptibles, de la boa que se acerca palpando el aire con su larga lengua inquieta; lo más salvaje de la naturaleza y del hombre se impone a los rituales y la parsimonia de la cultura. La tormenta que precede a la calma. El paroxismo destinado a la templanza; el hambriento Minotauro que ya en cualquier momento va a ser sacrificado.

Entra Teseo.

La presencia del director apaga a la selva. Pero simultáneamente despierta los aplausos del público, que así se prepara, se afina, para el concierto. Instrumento de huracán y mil cuerdas, el público suma las notas de su aplauso al concierto ahora que está por comenzar, y luego, al final, como para prolongarlo. Pero el homenaje, también caótico, frenético a veces, ni ruge ni tiene colmillos. Es la cultura viéndose en un espejo. Teseo dirige la orquesta para el público, de hecho a través de la orquesta lo dirige: calla al ágora, el parloteo de la masa, el chisme de barrio y la adulación de palacio. Obliga a callar, enseña a callar. ¿Podría imponer este silencio a la selva? ¿Callarían los monos aulladores al escuchar una sonata de Mozart? ¿Cerrarían el pico las guacamayas por una sinfonía de Beethoven? ¿Enmudecerían los troncos que se quiebran, las hojas susurrantes, las hienas, las ranas? ¿Por qué no intentarlo? El silencio quizá imposible –corren las aguas entre pirañas y caimanes, entre tapires y anguilas eléctricas, pero también sobre piedras; el viento sostiene cernícalos y avispas, pero también agita hojas y bejucos–; o el sobresalto de los animales –del incesante moscardón hasta el impasible manatí– serían un espléndido homenaje a los compositores y los músicos. Cada uno Orfeo.

¿Por qué no intentarlo, pues? Porque resulta imprescindible el público, no precisamente por su aplauso, a veces merecido y no siempre deseado, sino por su silencio, expectante, creciente, que crea un volumen en el tiempo para la música, el necesario ámbito de resonancia para cada nota, espectral pero intensamente humano. El público calla cuando aplaude pero sobre todo cuando escucha. En su copia de la partitura sólo hay silencios, y tiene que saber interpretarlos. Tácito y extático, encarna al silencio musical. Es la presencia de una ausencia.

Teseo empuña la espada.

Vertebrada batuta, la espalda del director impone silencio. Cuando se voltea hacia nosotros, al comienzo y al final del programa, callan los músicos; cuando se voltea como un torero, batuta en mano, para trazar el conductor hilo de Ariadna en paredes invisibles pero ctónicas que ahora son acordes y pausas, ágiles corcheas y bemoles sostenidos en el tiempo, callamos nosotros. Es el centro de un círculo mercurial: iluminado el escenario: yin, a oscuras el auditorio: yang; vibrante la orquesta: yin, callado el público: yang. La sala como teatro de mitades intermitentes, duales y oscilantes.

Teseo levanta la espada.

Cada vez que asisto, me digo –la espada, ya lista para ensangrentarse, apunta a los violines–, siempre, ahora me lo digo tan bajito que casi no me oigo, mi silencio ha estado señalado entre las notas. El tuyo también. Las filas de butacas son una partitura; al sentarnos ocupamos en ella, y en la de papel, un espacio oscuro y simultáneo. Yo he sido un instrumento en composiciones de Chopin y Wagner, Stravinsky y Varèse, Ginastera y Orbón. Quien no lo crea, susurre, grite o estornude la próxima vez que vaya a uno de estos espectáculos. La bulla que interrumpe y desentona es el reverso del cauce donde fluye la armoniosa corriente de notas. Director propiamente es quien sabe interpretar el silencio: el de la partitura y el del público. En su interpretación apuesta el éxito del concierto y la medida de su talento. Por eso la batuta, que nunca se oye, es el instrumento más poderoso de la orquesta. Lo que no se toca, lo que no suena, es tan esencial como lo que se toca y suena. La pausa no se reduce a abstracta y dócil cronometría: es activa. Saber callar cada silencio es la única manera de tocarlos. Hay que darles la profundidad que tienen, que les corresponde, haciéndolos callar más y más, o menos, como si ellos también fueran notas, pues no es lo mismo un silencio en do mayor que otro en sol o si. Para lograr esta variable profundidad, para callar bien el silencio, hay que saber interpretarlo. Quien sólo interpreta notas ni siquiera interpreta eso; y por supuesto, aun virtuoso, nunca lo hace con maestría, pues sólo en las notas, y con ellas, que preceden y siguen a los silencios, se puede lograr la profundidad requerida. En el volumen de las notas está el volumen del silencio. Y viceversa. Un cubismo en el tiempo, una arqueología que sorprende, aún vivo, al pobre Minotauro.

7.

Caminé hasta la sala de emergencia del Urológico. En la mirada del médico vi su alarma. Estaba en pleno infarto. Yo por supuesto, no el galeno cuyos ojos azules sonaban como una sirena. Mientras me llevaban en camilla al quirófano recordé la Calzada de los Muertos. Por un instante volví a Teotihuacán y sus pirámides, aunque desde aquella tarde de 1977 nunca he salido de allá. Pensé en Violeta y Julia Cecilia. En Asela y Luis, mis hermanos, y en un amigo, José Darío. Así, imagino, me despedía de ellos. Por si acaso. Vi en algún anaquel de la mente un libro egipcio y otro tibetano que pensé repasar, pero por algún motivo mis manos no respondieron al vistazo. Traté de quitarle solemnidad al momento aplicándome el humor negro con que a veces hacía reír: es en la Clínica Vallés, decía refiriéndome a un velorio en esa funeraria. O viceversa: está recluido en la habitación 317 de la Funeraria Ávila[2]. Luego recordé a mis padres. En particular, detalle curioso, trataba de recordar sus voces. El timbre de sus voces. No frases suyas que siempre me han acompañado ni palabras sueltas como rimas en su ausencia. Insisto, como entonces: sus voces, el sabor de su tono, su acento, la sazón única de su timbre. Qué difícil oír la voz de los muertos. En algunos sueños, lo sé, la he oído. Pero en aquella camilla que atravesaba la Calzada de los Muertos yo no soñaba. ¿Por qué quería oír a mis padres? Una respuesta posible se me ocurrió al cabo de varios días. Quizá me preparaba para reconocerlos entre el bullicio de la otra orilla, donde quienes ya han acompañado a Caronte esperan a sus seres queridos.

---

[2] La Funeraria Vallés y la Clínica Ávila son familiares para los caraqueños. En el trastrueque se entraña la simbiosis que suele existir entre este tipo de instituciones.

8.

En cada movimiento, en cada pentagrama de cada hoja de la partitura, sólo habrá silencios. Silencios y pausas. Quiero que la dirija Barenboim, pero durante un sueño. O mejor aún, que lo haga un genio muerto. Tal vez Paganini. O Furtwangler. Sólo un espectro sería capaz de interpretar el espectro total de esta ausencia, que abarcaría desde el pan de flauta hasta la flauta de Pan o el fémur tallado de un abuelo taíno. Habrá silencios fósiles y pausas geológicas. Una comunión difícil y por lo visto cubanísima. Sones de la Atlántida.

9.

Vanos de puertas y ventanas; intersticios capaces de robar turistas japoneses al Empire State o al Chrysler, levantando sus imponentes moles vacías entre gigantes vencidos, rascacielos de cielo, Tao para Kahn y Senmut, para Eupalinos y Wright; mis padres; las espléndidas ruinas del pasado y las del futuro, las escalinatas de Kukulkán y los 107 pisos del World Trade Center; la economía cubana, que es una deuda, y el exilio, esa otra ruina; esculturas de Christopher Wilmarth y espejos de Robert Morris; la muerte de Martí y la locura de Zequeira; fragmentos de Safo y música callada de San Juan; las espirales del tabaco y las del caracol, no las calcáreas, las otras, las huecas, tan atrayentes como las de humo; un Blanco sobre blanco de Malevich, un Rothko azul y otro rojo y el Patíbulo de Luis que le gustó tanto a Wilmarth cuando lo vio colgado en la sala de Hampton que le preguntó el título y pidió que lo cambiara y ya no volvería a verlo con patíbulo tachado, no por estar en mi sala, aquí en Caracas, sino porque Chris ya no está, desde que decidió ser su última y póstuma obra, ahorcándose en el taller de Brooklyn, con vista al puente, estructura de hierro y vacío, casi un Wilmarth, pero no lúgubre, plomizo, sombrío, como el Wilmarth por Wilmarth colgado por Wilmarth hace unos veinte años; unas noches de Bennington y la 11 entre quinta y sexta en Manhattan; el patio de Regino Boti y la playa del Uvero; una tetradracma de Seleuco I Nicátor que me regaló José Darío y un áureo de Nerón que mi viejo subastó en Stack's; el horizonte al hombro como una escopeta de palo; la torta de almendras de la Casa Suárez y el fufú de plátano maduro y chicharrón que me preparaba Nestora cuando no y no y no comía otra cosa; el casi ilimitado potencial para irradiar sentido de ciertos signos, y la consecuente dispersión del mismo, capaz de despertar ocultas, extrañas, insospechadas relaciones al rozar y encadenarse con otros signos, contiguos o apenas al alcance de la alusión, el rumor del lenguaje, lo *saussurrante* que una tarde en el Café de Flore mencioné a Severo, tonta osadía pues inmediatamente lo tradujo para Barthes de luto por su madre y aquel frasco de aspirinas que cada diez o quince minutos perdía un puñado; Severo, un pez volador que apostaba sus escamas entre la llama y el humo; los otros peces voladores, los que tratan de encaramarse al aire, y los erizos que quemábamos en la playa al comienzo del verano; objetos, rincones, recuerdos, algunos tan míos que ya son de mi tercera persona, casi ajenos, como números contados para una cifra que nunca cuadra; por algún motivo siento que entre estas cosas ya está escrita, casi completa, una vida que jamás leeré pero tendré que vivir.

Caracas, 5 de agosto 2006